Neovarejo

Dados Internacionais de Catalogação na Publicação (CIP)
(Simone M. P. Vieira - CRB 8ª/4771)

Zanco, Daniel
    Neovarejo / Daniel Zanco; Gustavo Chapchap. – São Paulo : Editora Senac São Paulo, 2024.

    Bibliografia.
    ISBN 978-85-396-4672-2 (Impresso/2024)
    e-ISBN 978-85-396-4671-5 (ePub/2024)
    e-ISBN 978-85-396-4670-8 (PDF/2024)

    1. Neovarejo 2. Varejo 3. Vendas 4. Marketing 5. Consumidor 6. Metacommerce I. Título. II. Série

24-2112r   CDD – 381.1
                                                   BISAC BUS073000

Índice para catálogo sistemático:
1. Comércio   380.1
2. Compras / Vendas a varejo   381.1

Neovarejo

Daniel Zanco e Gustavo Chapchap

Editora Senac São Paulo – São Paulo – 2024

ADMINISTRAÇÃO REGIONAL DO SENAC NO ESTADO DE SÃO PAULO
Presidente do Conselho Regional: Abram Szajman
Diretor do Departamento Regional: Luiz Francisco de A. Salgado
Superintendente Universitário e de Desenvolvimento: Luiz Carlos Dourado

EDITORA SENAC SÃO PAULO
Conselho Editorial:
Luiz Francisco de A. Salgado
Luiz Carlos Dourado
Darcio Sayad Maia
Lucila Mara Sbrana Sciotti
Luís Américo Tousi Botelho

Gerente/Publisher: Luís Américo Tousi Botelho
Coordenação Editorial: Verônica Pirani de Oliveira
Prospecção: Dolores Crisci Manzano
Administrativo: Marina P. Alves
Comercial: Aldair Novais Pereira

Edição e Preparação de Texto: Bruna Baldez
Coordenação de Revisão de Texto: Marcelo Nardeli
Revisão de Texto: Júlia Campoy
Coordenação de Arte: Antonio Carlos De Angelis
Projeto Gráfico, Capa e Editoração Eletrônica: Natália da Silva Nakashima
Ilustrações: Tatiana Bileski
Coordenação de E-books: Rodolfo Santana
Impressão e Acabamento: Gráfica CS

Proibida a reprodução sem autorização expressa.
Todos os direitos desta edição reservados à

Editora Senac São Paulo
Av. Engenheiro Eusébio Stevaux, 823 – Prédio Editora
Jurubatuba – CEP 04696-000 – São Paulo – SP
Tel. (11) 2187 4450
editora@sp.senac.br
https://www.editorasenacsp.com.br

© Editora Senac São Paulo, 2024

Sumário

7 **Nota do editor**

9 **Prefácio**

15 **Introdução**

19 **Capítulo 1 – O consumidor**
22 Você sabe quem está comprando?
23 Como tudo começou
25 E o Brasil?
26 Ah, a década de 1980...
28 Ufa, os anos 1990!
29 Os anos 2000
31 Século XXI
32 Jornada de compra
36 Entrevista: Paulo Conegero

39 **Capítulo 2 – O vendedor**
42 É hora de profissionalizar
43 O vendedor do século XXI
46 Ainda preciso de vendedor?
48 Quais são as novas métricas?
50 A era do assistente digital de vendas
51 Como começar a mudança?
51 Qual o papel do vendedor em cada etapa da jornada?

57 **Capítulo 3 – Pedidos**
60 Evolução contínua
62 Estado da arte
63 O que vem por aí
65 Entrevista: Tiago Mello

69 **Capítulo 4 – As lojas**
73 Experiência de compra
77 Omnichannel: para que serve a loja física?
78 A loja do futuro
80 Sustentabilidade
83 Entrevista: Anelise Campoi

87	**Capítulo 5 – Marketing**
90	Os 3Ps do neovarejo
94	Momentos diversos
99	Programas de fidelidade
101	Qual é a sua história?
102	*Branding*: o que é mais importante
105	**Capítulo 6 – Finanças**
110	Conceitos básicos para o varejo
114	Pontos de atenção nas finanças
123	**Capítulo 7 – Franquias**
126	Breve história das franquias no Brasil
130	O que acontece com as franquias no neovarejo?
131	É possível adotar outros modelos
132	Macroprocessos omnichannel para as franquias
135	Entrevista: Sandra Chayo
141	**Capítulo 8 – Dados**
144	Quem é o meu freguês?
147	Dados e consumidor
150	Dados e privacidade
151	A visão do vendedor
154	Entrevista: Ricardo Pinto
157	**Capítulo 9 – ESG**
161	Definições básicas
162	ESG e varejo
165	Trabalhar para quem?
167	Práticas sustentáveis
169	Os programas de DE&I
173	**Capítulo 10 – Metacommerce e inteligência artificial**
176	Por que o metacommerce é importante?
178	O futuro chegou!
180	Quais os desafios para o varejo?
182	NFTs no dia a dia
183	Inteligência artificial: quais as aplicações no neovarejo?
189	**Referências**

Nota do editor

Neoconsumidor, neomercado, neovarejo. Palavras como essas surgiram num cenário de grandes avanços tecnológicos. Empresas dos mais variados segmentos precisaram se reinventar para acompanhar as novas demandas do mercado, reorientando modelos de negócio e relações de consumo. E quando falamos de vendas, produtos e serviços, falamos também de pessoas.

"Em uma sociedade em movimento, o varejo é tema central. Ele movimenta o cotidiano das pessoas, muda uma região, transforma a condição econômica de lugares e indivíduos." Assim nos contam Daniel e Gustavo neste livro, que se desdobra de modo tão envolvente quanto em uma boa conversa.

Organizado por temas, em dez capítulos, *Neovarejo* narra a trajetória do varejo ao longo dos anos, no Brasil e no mundo. Analisa as mudanças de hábito do consumidor, as estratégias de venda, a função da loja e do marketing numa jornada de compra, conceitos como ESG e metacommerce, a importância das finanças, das franquias – tudo isso sem perder de vista as contínuas transformações digitais.

Com uma bagagem de décadas de atuação no varejo físico e digital, os autores compartilham histórias,[1] conhecimentos e reflexões

---

[1] A menção a marcas no decorrer deste livro não caracteriza vínculo por parte do Senac São Paulo. As citações têm apenas fins explicativos e o intuito de fornecer exemplos de *cases* reais no varejo físico e digital.

de quem vivencia o dia a dia do mercado. E apontam não respostas, mas caminhos para entender os desafios que estão por vir.

Com este lançamento, o Senac São Paulo promove uma discussão atualizada sobre o universo varejista e atrai empreendedores que já possuem ou que desejam abrir um negócio, além de contribuir com uma excelente fonte de informação a qualquer público interessado.

Prefácio

Ah, o varejo, o meu querido varejo... A atividade empreendedora por excelência!

Ao envolver produtos ou serviços, venda ao consumidor, desenvolvimento de marca, oferta de valor e, sobretudo, pessoas, o varejo aglutina quase tudo que o ser humano desenvolveu na história desde que um dos nossos antepassados resolveu fazer uma troca qualquer com algum colega da caverna ao lado.

Muitos me conhecem e acompanham a minha trajetória de mais de 25 anos construindo e fortalecendo a Chilli Beans. Sou, essencialmente, um cara do varejo. Espalhada por todo o Brasil e, mais recentemente, também pelo mundo, a pimenta se expandiu e floresceu para os mais de mil pontos de venda físicos que operamos atualmente, além do nosso e-commerce.

Uma das razões-chave para esse crescimento foi a inovação. Fomos pioneiros em diversas novidades da atividade varejista. Inovamos ao lançar o formato quiosque – antes exclusivo de cafés e lanches rápidos – no segmento de moda e acessórios. Inovamos ao criar o primeiro self-service ótico no Brasil, possibilitando ao cliente pegar, testar e experimentar à vontade nossos produtos. Inovamos na forma de contar histórias em nossas coleções, através de inúmeras parcerias com marcas, temas e artistas. Uma jornada de mudanças que continua até hoje, com novos formatos, materiais e ideias que fervilham pelos corredores da nossa sede em São Paulo.

E quando falamos em inovação, sabemos que o digital veio para ficar e permear cada vez mais os inúmeros aspectos da nossa vida, como nas compras que fazemos cotidianamente. Chegamos à era do neovarejo. Eu, particularmente, acredito que o digital jamais vai substituir a loja física. Não são modelos concorrentes. Na minha visão, são aliados na construção de um negócio sólido, duradouro e pronto para atender o cliente onde e como ele quiser. O chamado omnichannel é o presente, mas também o futuro das marcas que desejam crescer e se perpetuar. É assim que nós aqui na pimenta pensamos, planejamos e direcionamos os nossos esforços e investimentos.

Comprar on-line é um fato consumado do século XXI. E isso em nada impacta o desejo das pessoas de ir às compras, passear pelo shopping, visitar feiras e bazares, testar, experimentar, tirar dúvidas com o vendedor, sentir cheiros e texturas – aposto que, quando você compra uma peça de roupa, a primeira coisa que faz é tocar no tecido. Acertei?

Não à toa, existe todo um movimento de marcas que, nativas no digital, correm para abrir pontos físicos, como lojas, *showrooms*, *flagships*, espaços conceito, megalojas. Os nomes variam, mas todas elas entenderam que o consumidor de hoje – e o de amanhã – busca mais que apenas comprar. Ele quer estabelecer um verdadeiro relacionamento com as marcas que admira e consome. E esse relacionamento, não raro, precisa extrapolar as fronteiras da internet.

Isso em nenhum aspecto retira da tecnologia a reponsabilidade que ela tem hoje nos negócios de qualquer porte ou perfil. Novos formatos de loja, mais interativos, tecnológicos, conectados, precisam nascer. Cada vez mais as empresas passam a incorporar tecnologias como displays, prateleira infinita, metaverso, NFT e uma infinidade de novidades que chegaram para romper os limites da criatividade de quem toca um negócio e quer surpreender seus clientes. Nesse mundo novo, muitas marcas e empreendedores ficam perdidos e sem saber para onde e como ir. Mais do que nunca, o consumidor está no comando.

Por isso, iniciativas como este livro são admiráveis e essenciais para que o empreendedor de hoje tenha ferramentas para atravessar esse oceano de oportunidades e mudanças que estamos vivendo.

Daniel e Gustavo, com experiência acumulada em décadas dedicadas ao varejo e ao digital, decodificam todo esse ecossistema, por vezes complexo e mutante, numa linguagem amigável, didática e acessível para que qualquer um entenda e enfrente os desafios atuais. Colocar luz às novas formas de vender e de comprar é a inspiração que eles nos trazem nas páginas a seguir.

Para você, empreendedor, que busca fortalecer e expandir seu negócio, é uma leitura essencial. Os autores vão muito além de abordar como o varejo de loja foi impactado pelo digital do ponto de vista do consumo e trazem temas transversais como finanças e tributação, logística, novos formatos de negócio, cuidados com a marca e comunicação, e tudo mais que compõe um kit básico de uma pessoa de negócios que precisa entender os múltiplos caminhos a percorrer até a consolidação e o sucesso.

Falar de omnichannel hoje vai muito além de "ponto físico + site". Os negócios mudaram sobretudo porque mudou o consumidor e mudaram os mercados. O mundo mudou. Diferentes gerações, interesses, faixas de renda, desejos e ideias convivem lado a lado. Como estar preparado para atender todos e encantar quem procura a sua marca, qualquer que seja o canal? Como gerar sinergia entre diferentes plataformas e modelos de negócio? Como trabalhar fornecedores, cadeia de suprimentos, oportunidades financeiras e todo um universo que envolve a atividade comercial?

Na Chilli Beans, nós também estamos passando por isso, todos os dias. De uma empresa de varejo tradicional, baseada em pontos físicos, estamos cada vez mais incorporando a tecnologia em nossos pontos de venda, inovações em nosso e-commerce, novas formas de apresentar e testar nossos óculos e relógios, tecnologias que ajudem o nosso franqueado com estoque, margens, vendas, entregas e comunicação. Ufa! É muita coisa rolando. Afinal, se parar o sangue esfria, não é mesmo?

E tão importante quanto estrutura e tecnologia é a marca que você constrói. Quando começamos, há um quarto de século, sabíamos que, mais que um produto de qualidade e acessível, era preciso uma marca forte. O *branding* do seu negócio é, em muitos aspectos, o ativo mais valioso que você possui.

No meio de uma imensidão de marcas, conteúdo e informação, como você vai se destacar? Quais as ferramentas e iniciativas que você pode implementar para se conectar com seu público? Na nossa trajetória, muitas marcas icônicas não souberam se reinventar e se relacionar e, infelizmente, deixaram de existir. A Chilli Beans continua firme e forte pela força da sua marca, construída numa jornada longa, vibrante e ousada.

São muitas variáveis e questões com as quais o empreendedor vai se deparar ao longo da própria trajetória. Eu mesmo, por anos e anos, enfrentei desafios que nem sabia que podiam existir. Sabemos que empreender é estar sempre ao lado do risco. Tudo pode funcionar como uma orquestra e ir por água abaixo no minuto seguinte. Essa linha é tênue e percorrida por todos nós a cada fechamento, a cada balancete, a cada trimestre.

O que diferencia você de mim, quando eu comecei, é a quantidade de informação à disposição do empreendedor. Na minha época, opções de conteúdo de qualidade, como este livro, eram raras e pouco acessíveis. Agora tudo mudou. Iniciativas como a de Daniel e Gustavo, de colocar "no papel" tudo aquilo que acumularam e vivenciaram em suas carreiras, enfrentando desafios e entendendo esse mundo mutante dos negócios, devem ser celebradas e difundidas. Fico orgulhoso de poder dar a minha pequena, porém sincera, contribuição.

Aqui nesta leitura dinâmica e instigante, você vai beber direto da fonte de quem esteve presente em inúmeras situações e cenários, lidou com os mais diferentes aspectos do *business* como um *player* relevante. *Skin in the game*, para quem quiser usufruir e aprender com dois Empreendedores com E maiúsculo.

Se você tem paixão por empreender e o varejo corre nas suas veias, aqui é a sua porta de entrada para múltiplos *insights*, conhecimentos, *cases* de sucesso e muita inspiração. Ao término destas páginas, tenho certeza de que você será uma pessoa de negócios mais preparada e confiante.

Boa leitura e, claro, boas vendas!

Caito Maia
Fundador da Chilli Beans

Introdução

Quando o consumidor muda, o varejo também muda.

Essa frase, que não é nossa, mas de Paco Underhill – psicólogo comportamental especialista em ciência do consumo –, por muitas vezes foi pano de fundo de bate-papos reflexivos e descompromissados. Para nós, assim como para Paco, quem compreender rapidamente essas mudanças de comportamento e se adaptar terá enorme vantagem competitiva no mercado – e, em muitos casos, é quem conseguirá sobreviver.

Nas nossas discussões, ficava cada vez mais nítido que a mudança era tão intensa, tão inédita, que uma simples adaptação do modelo existente talvez não fosse suficiente. Em alguns formatos ou segmentos, seria necessário quase que "pôr abaixo" para começar novamente, pensando um varejo e uma relação de consumo mais alinhada com os hábitos e anseios desse neoconsumidor. Não se tratava de um ajuste cosmético; não se tratava de uma evolução incremental do formato secular de varejo. Estamos vivendo de fato uma revolução, o surgimento do que costumamos chamar de neovarejo, de uma maneira diferente de se conectar com o consumidor e de distribuir produtos e serviços.

Entendendo que a transformação era assim tão intensa, pensamos que valeria registrar essas conversas e compartilhar nossas reflexões, que nascem da experiência de décadas atuando nos chamados varejos físico e digital, mas sobretudo analisando comportamentos de consumo e estratégias de distribuição. Daí veio a vontade de transformar tudo isso em um livro.

Tal contribuição não tem a pretensão de ser um tratado ou de definir o que será o varejo daqui para frente – até porque entendemos que essa transformação está em curso e não há ainda uma foto que descreva como serão os próximos dez ou vinte anos. Queremos apenas convidar você, que de alguma forma se relaciona com essa atividade tão elementar que é o varejo, a refletir sobre o impacto gerado pela transformação digital e pela digitalização do consumidor, nas mais diferentes variáveis da operação varejista – vendas, marketing, gestão financeira, etc. Essas reflexões podem ajudar você a entender as mudanças e imaginar conosco o que será o varejo do amanhã.

Em uma sociedade em movimento, o varejo é tema central. Ele movimenta o cotidiano das pessoas, muda uma região, transforma a condição econômica de lugares e indivíduos. Esse é o eixo das nossas reflexões.

O varejo é feito por nós, consumidores, varejistas, fornecedores, consultores, reguladores e fomentadores, e juntos vamos construir o futuro do neovarejo.

Agradecemos muito às nossas famílias e a todos e todas que nesta longa jornada do varejo contribuíram para formar nosso conhecimento e percepção do mercado; a tantos mestres, sejam eles formais ou aqueles da operação, que nos ensinaram com a sabedoria do dia a dia e o olhar da experiência.

Esperamos que você se divirta lendo este livro tanto quanto nos divertimos escrevendo.

CAPÍTULO 1

O consumidor

Consumidor, cliente, *shopper*, usuário... Ah! Tem ainda a definição jurídica. No Código de Defesa do Consumidor, artigo 2º, ele é "a empresa ou a pessoa destinatária final de determinado produto ou serviço" (Brasil, 1990).

Para quem tem um negócio, porém, nada é mais importante do que deixar de lado essa visão genérica, pois uma operação que tem foco na cultura do cliente precisa enxergar quem é o indivíduo por trás daquele rótulo. Uma forma de fazer isso, falando tecnicamente, é por meio da criação da persona.

Persona é um personagem fictício que tem nome, profissão, endereço, vida familiar, interesses, medos, desejos. O ideal é sintetizar o máximo possível das características físicas e psicológicas das pessoas que compõem o nosso público-alvo.

Por que fazer isso? Ter um negócio de sucesso no ambiente atual exige essa aproximação, até porque estamos diante de um consumidor que faz questão de ser tratado de forma personalizada. Definir uma persona é uma forma de entender que o público não é um número, e sim alguém com necessidades, desejos, rotinas, ideais e sonhos.

O mundo passou por muitas transformações nos últimos anos, mas uma coisa não mudou: as pessoas ainda preferem se relacionar com empresas que as enxergam além do rótulo. Pense em você como cliente: não é bom quando chega naquele comércio e o vendedor já sabe o que você quer?

Temos aí uma das máximas do marketing contemporâneo: não se esqueça de que os negócios são feitos de pessoa para pessoa.

Não importa se a operação é B2C ou B2B, nem se a compra será no digital ou na loja física: a relação de confiança se estabelece quando o cliente se sente valorizado e reconhecido.

Você poderia perguntar: "Mas a compra mediada pelas novas tecnologias não levou tudo isso por terra?". Se você pensa dessa forma, isso pode atrasar a sua estratégia omnichannel.

A tecnologia é uma grande aliada no momento de promover a aproximação com o cliente. Se o foco da operação estiver na pessoa que faz aquela compra (e não no produto ou nas necessidades do varejo), todo o arsenal disponível será empregado para entender melhor as demandas daquele consumidor.

Pelas maravilhas da transformação digital, as empresas hoje podem abordar milhares de pessoas ao mesmo tempo, de forma 100% customizada! Mas ainda não é o momento de falar das técnicas e das ferramentas que podem ser utilizadas – o foco agora é o consumidor, o cliente, o usuário, o *shopper*.

Você sabe quem está comprando?

A melhor forma de entender as mudanças que estão acontecendo no comportamento dos clientes nestes tempos voláteis é olhar mais atentamente para os seus hábitos de compra. E se a ideia é entender aquela questão das individualidades, vamos entrar no clima e começar abordando as diferenças entre as gerações de consumidores.

Na literatura sobre marketing, nem todos os autores concordam com essa divisão. Existem discordâncias em relação às datas de corte, mas essa é uma referência para o nosso propósito de entender melhor quem são os consumidores e quais aspectos devem ser observados no seu comportamento. Por isso, em vez de levar "a ferro e fogo" as idades, procure entender as diferenças entre as gerações.

A faixa etária, obviamente, não é o único fator que devemos considerar. Daí vem a importância de compreendermos as características de cada geração, principalmente para observarmos as mudanças que têm ocorrido no comportamento de compra.

GERAÇÃO BABY BOOMERS: nascidos entre 1940 e 1960

GERAÇÃO X: nascidos entre 1960 e 1980

GERAÇÃO Y: nascidos entre 1980 e 1995

GERAÇÃO Z: nascidos entre 1995 e 2010

GERAÇÃO ALPHA: nascidos a partir de 2010

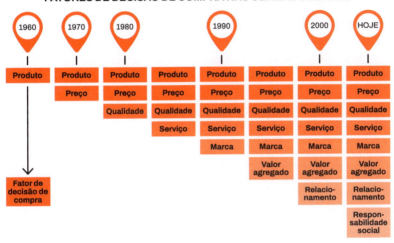

FATORES DE DECISÃO DE COMPRA NAS ÚLTIMAS DÉCADAS

Olhar para a evolução histórica do varejo nos ajuda a ter uma dimensão mais precisa desse processo. Para facilitar, vamos dividir essa história em algumas fases.

Como tudo começou

Numa sociedade que ainda começava a experimentar os benefícios da Revolução Industrial, o consumidor do final do século XIX baseava suas compras em suas necessidades básicas.

No dia a dia, para suprir suas demandas mais urgentes, a população recorria aos armazéns locais. Uma das características desses locais era o fato de o cliente depender muito da boa vontade do vendedor.

Imagine a cena: um armazém lotado de mercadorias de todos os tipos (de alimentos a granel a rolos de tecido), com um enorme balcão e sem essa história de ficar colocando a mão nas mercadorias expostas.

Nessa época, a exposição dos produtos ainda não era um conceito muito importante. Lembre-se de que estávamos no início do processo de mudança das relações de consumo.

O foco estava em compras básicas de itens considerados de primeira necessidade e sem exagero. Se a pessoa comprava o que tinha disponível, o desafio para o varejo era facilitar esse acesso, lidando com o fato de que a população estava dispersa geograficamente e o deslocamento ainda era complicado.

Antecipando a premissa que orientou o desenvolvimento do e-commerce no século XXI, nessa época Richard Warren Sears teve a ideia de enviar para a casa dos clientes, por correio, um catálogo com os produtos disponíveis.

Parece um detalhe, mas esse foi o embrião das lojas de departamento, um formato de loja no qual as pessoas poderiam ter acesso a uma enorme variedade de itens, com muito mais conforto.

Com a aceleração da industrialização, houve aí uma virada de chave. A evolução do processo fabril, com o aumento exponencial da produção, gerou mais produtos e crescimento da demanda. Estávamos, então, no início da era do consumismo: começava a ficar no passado a ideia de comprar por necessidade. A aquisição de produtos e serviços representava algo mais – status, por exemplo.

Para estimular o desejo, entraram em cena o crédito e a propaganda. O início da estratégia do "compre agora, pague depois", porque "você merece" mais conforto, facilidade e até mesmo felicidade.

Voltando para os pontos de venda, nesse período as estratégias de venda precisavam se tornar mais sofisticadas. Se a compra seria feita por impulso, e não baseada obrigatoriamente na necessidade, era preciso ter "gatilhos" que fizessem a pessoa se decidir.

É com base nessa ideia que os velhos armazéns abarrotados de produtos passam a ceder espaço para as lojas de autosserviço, nas quais o cliente pode tocar nos produtos e escolher livremente entre as diferentes opções em exposição.

Com isso, agora seria preciso trabalhar melhor o aspecto visual dos produtos. A indústria fez a parte dela melhorando embalagens e apelos, e o varejo precisou tornar o seu espaço mais agradável pensando em como manter as pessoas mais tempo por ali.

Ocorre também uma mudança fundamental no consumidor: com a industrialização da sociedade, ele agora vive em cidades, não mais em vilarejos; desloca-se a todo momento, tem vida social, trabalho... Torna-se cosmopolita.

Quase que naturalmente, os centros de compra passam a assumir outras funções e, para isso, precisam se expandir – um cenário perfeito para o nascimento dos shopping centers.

E o Brasil?

No Brasil, o primeiro shopping center foi inaugurado em 1966. Em razão da forma como se deu o nosso processo de industrialização, demoramos um pouquinho mais para entrar nessa história.

Apesar do enorme apelo que esses estabelecimentos exercem sobre o cidadão, eles não eram os únicos. Nosso consumidor, que nesse período demanda interação social e diversão, também apreciava bastante as lojas de departamento e o comércio especializado.

Um exemplo básico: criado em 1913, o Mappin já na década de 1920 virou sinônimo de inovação no varejo, promoveu grandes liquidações nos jornais e fez, assim como os seus contemporâneos estadunidenses, vendas por catálogo.

Esse formato teve vida longa no Brasil, até pela nossa dimensão continental e pela dificuldade de deslocamento da população para os grandes centros.

Como se comportava o nosso consumidor?

Ao mesmo tempo que o consumidor precisava se encaixar no modelo de vida urbano, ele não tinha mais tempo para costurar ou mesmo preparar sua alimentação. Hoje tudo isso nos parece comum, mas quem viveu esse momento tem, certamente, lembranças marcantes. E mesmo que pareça longe demais, vale lembrar que a geração baby boomers assistiu a tudo isso de perto.

Os nascidos entre 1940 e 1960 vivenciaram essa situação. No Brasil, a industrialização foi acelerada ("50 anos em 5", como propagou Juscelino Kubitschek), e chegaram por aqui as mudanças culturais da "modernidade" (vide o movimento Tropicália). Em nossa imersão nas mudanças que aconteceram no comportamento do consumidor, é preciso olhar com muita atenção para essa parcela do público.

Primeiro, estamos falando de uma população de maior poder aquisitivo. Mais do que isso: a geração baby boomers marca a mudança do conceito de envelhecimento. Dizem que foram os primeiros a terem direito a envelhecer. Não é por menos, uma vez que o aumento da expectativa de vida foi de mais de 30 anos quando comparado aos dados da década de 1950.

De olho no mercado varejista, devemos dizer que ele nem sempre tem dado a devida atenção aos baby boomers. O Brasil tem cerca de 30 milhões de idosos, e até 2050 devemos atingir a marca dos 67 milhões – no mundo, a estimativa é que a faixa etária dos 60+ corresponda a 30% da população de 64 países (ILC-Brasil, 2019).

Vivendo mais e melhor, essas pessoas estão plenamente ativas no mercado de consumo, e o seu comportamento nada tem a ver com aquele que muitos imaginam. Talvez elas ainda prefiram ir ao shopping center, porque apreciam a experiência, mas aderiram muito bem ao digital. E quem ainda não tinha feito isso certamente percorreu essa última milha com a chegada da pandemia.

Não é à toa que as empresas estão desenvolvendo produtos e serviços específicos para essa geração e, mais do que isso, procurando entender o que precisa ser feito para melhorar a relação com ela.

A Nestlé, por exemplo, hoje vende o suplemento alimentar Nutrien via e-commerce, com opção de entrega no mesmo dia, e a pessoa também pode optar pela retirada na loja. Trata-se de um exemplo simples, mas que nos leva a um ponto importante: as compras via internet não estão mais restritas a determinado público – estenderam-se para o total da população.

Isso independe de faixa etária ou mesmo classe social, ainda que haja, claro, diferenças em relação à familiaridade no uso das ferramentas e ao chamado poder de consumo.

Ah, a década de 1980...

Para entendermos melhor o comportamento desse público mais sênior, é bom voltarmos um pouco no tempo para conhecer os percalços atravessados pela geração baby boomers.

Pensando globalmente, a infância desse consumidor foi marcada pela chegada do homem à Lua, pelos movimentos sociais em prol dos direitos civis e pelo início da Guerra Fria. Vivendo em um cenário de mais turbulências, essas pessoas são conhecidas por priorizarem mais o trabalho do que a vida pessoal e por certa resistência a grandes mudanças. Estranho pensar nelas como mais conservadoras, uma vez que foram as responsáveis por muitas rupturas em termos de comportamento; ao mesmo tempo, enfrentaram também muitas dificuldades.

Olhando para o Brasil, no auge da sua vida produtiva os baby boomers passaram por todas as dificuldades das décadas de 1970, 1980 e 1990. Vivenciaram o Milagre Econômico, a recessão e o período de retomada da economia. E foram muitas mudanças.

Em 1966, o Brasil tinha 992 supermercados. Dez anos depois, eram quase 8 mil estabelecimentos. Em 2020, mais de 91 mil lojas, segundo dados da Abras (Abras, 1993). Houve um crescimento significativo no número de opções de produtos e serviços à disposição, afinal, loja vazia não atrai cliente.

Nesse período, o foco migrou da indústria (que fez sua parte nos investimentos) para o varejo. Em 1970, as áreas de marketing tiveram que se desdobrar para entender como obter a oferta mais adequada, momento em que ganha importância a segmentação.

Já não era possível apenas disponibilizar os itens, como aconteceu nos primeiros anos dessa sociedade do consumo. Com a explosão da urbanização, era preciso compreender o que era mais conveniente para os diversos nichos, divididos agora por nível de renda e perfil cultural.

No momento das compras, esses clientes dariam preferência aos grandes supermercados ou às lojas especializadas – materiais de construção, lojas de eletroeletrônicos, artigos para o lar, discos, enfim, uma infinidade de alternativas.

O cenário da década de 1980 não foi nada bom para o Brasil. Endividamento, inflação nas alturas, controle de preços, medidas de protecionismo. O consumidor padrão, nesse período, tinha um objetivo: controlar seus gastos tentando cortar os supérfluos e concentrando-se nos itens necessários.

No varejo, em razão das condições econômicas, o que vimos, infelizmente, foi certa fase de acomodação. A sobrevivência no longo prazo seria assegurada mais pelos investimentos financeiros, e no dia a dia se sairia melhor quem conseguisse negociar volume e prazo de pagamento, porque o preço era um fator determinante.

Difícil imaginar hoje tal situação, mas o consumidor perdeu naquele momento a noção de valor. Como os preços subiam todos os dias, o objetivo era fazer as compras logo após o pagamento, para tentar garantir minimamente o poder de compra.

Diante de tanta instabilidade, não é difícil compreender por que essa geração mais antiga preza tanto por relações mais estáveis, seja no emprego, na família e, claro, no relacionamento que mantém com suas marcas preferidas.

Diferentemente das gerações que os sucederam, os baby boomers são mais fiéis e, se forem bem tratados, não vão trocar de fornecedor com muita facilidade. Mas não se engane: hoje eles também sabem que estão no controle – tornaram-se mais exigentes com o conhecimento de que os tempos são outros e que podem ter um papel mais ativo nas relações de consumo.

Ufa, os anos 1990!

Para situarmos esse processo de transformação, é importante nos determos um pouco mais sobre a década de 1990. No Brasil, estamos falando de um período de profundas alterações na economia.

Depois de sucessivas tentativas, em 1994, com o Plano Real, chegamos a uma situação mais propícia ao desenvolvimento dos negócios.

Primeiro, pelas medidas que haviam sido adotadas anteriormente pelo Governo Collor para promover a abertura da economia nacional aos investimentos estrangeiros. Além de mais produtos à disposição, a chegada dos concorrentes fez com que as empresas tentassem superar o período de estagnação.

Segundo, pelo fato de a estabilização dos preços, junto com taxas de juros relativamente elevadas, ter detonado um *boom* de consumo financiado com recursos externos.

E há outro aspecto importante, pensando no ambiente para o nosso consumidor: a privatização da área de telecomunicações durante o Governo FHC, que permitiu a democratização de acesso às linhas telefônicas e maior poder de escolha.

Com mais produtos à disposição (pois finalmente adotamos os padrões globais de consumo), os varejistas tiveram que investir mais em *visual merchandising*. Afinal, agora era preciso trabalhar melhor a exposição dos produtos para atrair o cliente e estimular a compra.

Pelas características do país, a melhora do poder de consumo refletiu diretamente na indústria alimentícia. Dados do IBGE indicam que entre 1994 e 2000 esse setor teve um salto de 32% (Sesso Filho, 2003).

Assim foram os preparativos para a década seguinte, marcada pela ascensão da classe C ao mercado de consumo.

Os anos 2000

É nessa época que os filhos dos baby boomers – a geração X – ganham prioridade nas estratégias de negócios. Avaliar detalhadamente as características dessa geração que viveu o processo de transformação das relações de consumo pode nos ajudar a entender melhor o comportamento dos consumidores.

Diferentemente de seus pais, mais resistentes a mudanças, esse grupo viveu sua juventude nos anos 1980 e 1990 e participou ativamente das transformações. Posicionou-se pela redemocratização do país, pediu o impeachment de Collor e, em muitas situações, negou-se a seguir o mesmo caminho dos pais.

Como adultos, resolveram que dariam uma educação mais liberal para seus filhos e já não almejavam as carreiras de longo prazo no mesmo lugar. Não são tão desprendidos como os millennials, mas trazem outros valores para o seu dia a dia.

Foi para esse público que o varejo teve que se reinventar.

Ainda nos anos 1990, houve um esgotamento das estratégias que funcionaram tão bem no início dessa história. Já não bastava melhorar a exposição dos produtos ou criar locais agradáveis para as compras. Com mais opções, o cidadão tornou-se mais exigente, por isso foi preciso deixar de olhar para as necessidades das empresas e entender melhor o que o consumidor desejava.

Tecnicamente, dizemos que nesse período o foco foi do produto para o consumidor. Não era suficiente ter o melhor sortimento: era preciso fazer com que ele chegasse com uma marca forte e algo que realmente o diferenciasse em meio a milhares de concorrentes.

A chave aqui está no processo de globalização, que permitiu que as fronteiras geográficas fossem derrubadas. As tecnologias para a geração e distribuição de informação têm um papel preponderante nessa história. Elas fizeram com que os consumidores passassem a ter acesso a um volume maior de informações e, numa evolução natural do estímulo ao consumo, criaram necessidades de consumo. Com isso, também criaram mais complexidade para as empresas.

Bons tempos aqueles nos quais as empresas criavam as demandas e o desafio era fazer com que suas inovações chegassem até o cliente, ainda muito carente de tudo. Ficaram para trás também os tempos áureos da publicidade, em que, com uma audiência de massa e um público encantado com as novidades, bastava ter uma boa estratégia de vendas.

Desde os anos 1990, o desafio tem sido identificar as demandas, antecipar-se a elas e encontrar soluções para pessoas que são mais bem informadas, exigentes e cientes de que estão no controle.

Foi nesse cenário que assistimos à extinção de marcas varejistas que haviam liderado o processo de formação dos novos mercados de consumo. De forma gradativa, muitos negócios pioneiros começaram a ter lucros menores, depois prejuízos, até que as operações se tornaram insustentáveis.

O encantamento com as experiências oferecidas num shopping center, por exemplo, não é mais suficiente. Afinal, aumentaram muito as possibilidades de diversão, de entretenimento, de oferta de produtos e serviços. Talvez por isso o termo "saturação" foi um dos mais empregados para descrever o que aconteceu nas décadas de 1980, 1990 e nos revolucionários anos 2000.

Num primeiro momento, funcionou, por exemplo, direcionar o cliente para o canal que fosse mais conveniente. O modelo de franquias expressa bem o sucesso dessa estratégia, no sentido de tentar atender à conveniência do cliente. Vimos a expansão do *franchising* (franquias) nas redes de fast food, farmácia, lavanderia, conveniência, etc.

Bombardeado por tantas opções, o cliente apreciava a ideia de conseguir encontrar produtos e serviços de sua confiança sendo ofertados em diferentes locais.

Ainda nos anos 2000, além da ascensão da classe C, que exigiu bastante das empresas, outro fenômeno importante foi a necessidade de começar a pensar em relacionamento.

São desse período as primeiras iniciativas de CRM (Gestão do Relacionamento com o Cliente). Com a evolução da tecnologia, as empresas tiveram condições de trabalhar melhor essa área. A história havia mudado: era preciso ouvir o cliente, dialogar com ele e buscar estratégias que visassem à sua satisfação.

Por ter vivido a fase de transição do físico para o digital, essa geração aderiu às compras on-line, mas não de forma indiscriminada. Ainda é reticente no que pode ou não ser feito nesse ambiente.

Um ponto que deve ser observado sobre a geração X: pesquisas mostram que ela influencia fortemente o consumo (Lulio, 2017), uma vez que muitos ajudam a cuidar hoje de pais idosos (nossos baby boomers) e têm filhos (geração Z ou alpha).

Século XXI

As novas tecnologias chegaram ao varejo e aprimoraram seus processos de compra e venda. A virada, contudo, acontece com a integração dos canais. Não mais a oferta de diferentes possibilidades de compra: o que temos agora é a necessidade de atender um consumidor que pesquisa muito, acompanha as avaliações de outros clientes e, definitivamente, precisa estar no centro da estratégia dos negócios.

Não é mais aquela história de "o cliente tem sempre razão", porque as ofertas agora precisam ser customizadas. O tratamento genérico, que funcionava no passado, não tem mais lugar. E o varejo tem condições de entregar essa customização, pois as novas tecnologias permitem que as marcas interajam o tempo inteiro com os clientes e coletem informações.

A necessidade de integrar as estratégias é um dos desafios, uma vez que o digital não é mais exclusividade das novas gerações. Em outras palavras, é impossível ignorar o comportamento omnichannel do consumidor.

Num ambiente com tantas opções, o conceito-chave para a decisão de compra é a conveniência. O dia a dia do nosso consumidor é determinado pela falta de tempo – assim, ele dará preferência à marca que facilitar o processo de escolha e de compra.

Nada disso aconteceu de uma hora para outra, mas podemos indicar que em 2020 houve uma aceleração desse processo, em razão das limitações impostas pela pandemia. Assim, aquela pessoa que fazia compras eventuais usando o e-commerce foi praticamente obrigada a experimentar novas incursões no ambiente on-line.

Um estudo da Kantar que analisou essa movimentação em 2020 (Wedemann, 2020) nos ajuda a dimensioná-la melhor: os consumidores, antes da pandemia, faziam 28% das suas compras on-line. Durante a pandemia, esse número subiu para 39%. E quais são as projeções para o pós-pandemia? Estima-se que esse percentual chegue a 43%.

É importante lembrar que esse crescimento não significa que o consumidor vai abandonar o varejo físico. As lojas físicas têm um papel importante na sua jornada de compra, desde que ofereçam uma experiência diferenciada.

É aí que entram, por exemplo, os ambientes "instagramáveis". O consumidor não apenas quer viver aquela experiência: ele quer compartilhá-la com os seus seguidores nas redes sociais, quer mostrar onde está e o que está fazendo.

Nessa mesma linha, podemos pensar na necessidade daquela família que, em busca de entretenimento, frequenta determinada loja porque ela oferece uma experiência para os seus filhos pequenos.

Na prática, estamos dizendo que o cliente agora está definitivamente no centro das decisões. E, diferentemente do que acontecia no passado, não é possível pensar em iniciativas únicas que atendam a todos os perfis de clientes.

Cada um compra de um jeito, e uma das características principais desse consumidor é justamente a necessidade de receber uma **experiência personalizada**.

Essa pessoa é mais bem informada: pesquisa on-line, compara preços, consulta os amigos e confere avaliações sobre a experiência de outros clientes. Acima de tudo, ela entende que as marcas hoje têm condições de saber o que ela quer e fazer ofertas mais customizadas.

Jornada de compra

O consumidor hoje tem uma experiência fluida – ou seja, o processo de compra linear, determinado pela empresa, ficou no passado. Temos visto no dia a dia que uma jornada de compra pode durar alguns segundos (via app, por exemplo) ou meses, porque envolve pesquisas, consultas, visitas às lojas, leitura de opiniões de outros clientes, vídeos no YouTube para coletar mais informações, e assim por diante.

Estamos nos referindo a uma pessoa que vive, literalmente, conectada. Apesar de algumas diferenças em relação aos hábitos de consumo, a geração Z e os millennials têm um ponto em comum: estão amplamente inseridos no ambiente digital.

Por isso, não se engane: o nosso consumidor do século XXI atribui muito mais valor à compra on-line. Ele pode até mesmo desistir de determinada marca simplesmente porque não tem a opção digital. E, definitivamente, é um público que não faz nenhuma distinção entre on-line e off-line. Ele espera uma experiência de compra integrada e não vê nenhuma lógica em receber um atendimento ou uma oferta diferenciada em função do canal escolhido para se relacionar com suas marcas preferidas.

Outro detalhe importante: esse consumidor é *mobile first*! Ele quer comprar, resolver problemas, interagir, enfim, fazer tudo pelo celular. Devidamente acostumado à instantaneidade proporcionada pela internet, não tem paciência para esperar. Quer respostas imediatas e desiste da compra com muita facilidade.

Um bom exemplo são os millennials, que têm liderado as cobranças relacionadas aos propósitos das empresas. Deixam de comprar algo porque a empresa não adota o posicionamento que consideram mais adequado.

Como os debates sobre a crise climática fazem parte da sua vida desde a infância, os millennials estão mais engajados nas causas ambientais e, por extensão, nas questões sociais. Detalhe: diferentemente das gerações anteriores, acolhem muito bem a diversidade, até porque odeiam rótulos e regras.

Nas relações de consumo, é preciso considerar outra informação: quando confiam na empresa, os millennials não têm problema em compartilhar suas informações pessoais. Farão isso em troca de descontos e de outros tipos de vantagem, sem maiores complicações.

Público *versus* privado? Esses conceitos são relativos para os novos consumidores. A maior prova disso é que postam a respeito de tudo e, principalmente, a respeito de suas experiências de compra, sejam elas boas ou ruins.

Quando encantados, tornam-se promotores das marcas. A ligação intensa com as redes sociais leva a outro diferencial importante: a confiança na rede de influenciadores mais do que na publicidade tradicional.

Fica a dica: a televisão aberta está bem longe do seu radar. Diferentemente de seus pais, não têm a menor paciência para o "a gente se vê por aqui". A ideia é escolher o quê, quando e como vão consumir entretenimento. Ou seja, eles escolhem o filme, o idioma, o dispositivo, enfim, estão 100% no controle.

Na mesma linha, telefone fixo é algo quase incompreensível. O próprio conceito da ligação telefônica é questionado. Preferem mil vezes a troca de mensagens (vídeo, áudio e até texto). Que o digam as empresas de telefonia, que foram obrigadas a alterar o modelo de negócios e tornar os pacotes de dados preponderantes em suas ofertas.

Consumidor *on demand*. Esse termo define bem o perfil desse público. E daí decorre, por exemplo, o fato de que eles não criam muitos vínculos. Em outras palavras: suas paixões são efêmeras. Migram de uma marca para outra, e, para ter sua fidelidade, as empresas devem investir em experiências excepcionais.

A onda do *cashback* surge na esteira da chegada dos millennials ao mercado de consumo. São formas de gerar fidelidade, assim como as listas VIP e os programas de incentivo que realmente façam a diferença.

É um desafio e tanto para as empresas, mas também um período de grandes oportunidades para quem consegue desenvolver modelos disruptivos que levam em conta a necessidade de fluidez. O consumidor *on demand* exige atenção permanente com a inovação. Antecipar-se às suas necessidades é uma das premissas das empresas de sucesso.

A boa notícia é que as empresas podem contar com profissionais millennials e da geração Z para pensar nessas novas abordagens. Como nativa digital, a geração Z cresceu em um ambiente hiperconectado e por algum tempo pode se dedicar ao desenvolvimento de novos negócios.

Os filhos dos millennials, a geração alpha, tiveram pais mais velhos, têm contato com as telas desde a primeira infância e, como tem sido confirmado em vários estudos, são mais inteligentes que as gerações anteriores.

É fácil entender isso: a quantidade de estímulos que receberam foi infinitamente maior. Todas as suas dúvidas até aqui puderem ser respondidas em segundos – bastava recorrer ao Google.

Independentes, vão exigir ainda mais autonomia no momento de se relacionar com as marcas, até porque a tecnologia para eles não é acessória, e sim uma extensão de suas próprias capacidades.

A inteligência artificial, por exemplo, ainda vista como ficção para as gerações mais velhas, está muito presente no dia a dia desse grupo e deve ser cada vez mais naturalizada. Então, por que não usar ao máximo o potencial desses recursos para ajudar em seus processos de decisão?

Sem spoiler: os desdobramentos dessa história serão assunto para a segunda edição deste livro. Por ora, depois dessa imersão nos aspectos que determinam o perfil do consumidor, vamos analisar outras frentes do processo de vendas.

Como é o vendedor que consegue encantar o consumidor no século XXI? É o que veremos no próximo capítulo!

A EVOLUÇÃO DOS CONSUMIDORES

CONSUMIDOR 1.0

Esse tipo de cliente ficou no século passado. É quando havia a interação um para um, ou seja, quando o cliente comprava apenas o que era comercializado por quem produziu o bem. Nessa época, cada pessoa tinha o "seu" padeiro, sapateiro e assim por diante. Além disso, não havia o entendimento sobre o valor agregado de um produto e, por isso, era algo que não impactava as relações de consumo.

CONSUMIDOR 2.0

Com o passar do tempo, tivemos o desenvolvimento do comércio, o que aumentou a concorrência entre as empresas. Além disso, os meios de comunicação de massa eram os principais responsáveis pela divulgação das ações de marketing, as quais eram feitas de um para muitos.

As pessoas tinham mais opções de compra do que o consumidor 1.0 e a decisão era feita, principalmente, com base no preço. As empresas precisavam mostrar para os clientes os diferenciais do seu produto em comparação aos concorrentes.

CONSUMIDOR 3.0

O consumidor 3.0 tem diversas características em comum com o consumidor 4.0 e 5.0. O principal ponto de intersecção é a busca por pertencimento. O cliente passou a exigir das marcas uma maior aproximação.

Consequentemente, a comunicação das marcas passou a ter esse foco, e as campanhas revelavam muito mais posicionamento e personalidade do que ações com o objetivo único e exclusivo de venda.

CONSUMIDOR 4.0

A característica mais marcante do comportamento do consumidor 4.0 é o acesso às informações, pois o aparecimento desse perfil acontece de modo simultâneo e até pode ser considerado consequência do surgimento da internet. O comprador passou a ser mais ativo e ir em busca de informações sobre o produto e a empresa em redes sociais e blogs. Dessa forma, ele começa a ter um pouco mais de controle sobre a relação de compra.

CONSUMIDOR 5.0

De modo resumido, o consumidor 5.0 é aquele que usa as tecnologias não só para pesquisar sobre soluções e produtos que deseja, como também para realizar as compras de modo virtual. A maioria desse grupo é nativo digital. Valor agregado, boas experiências e comunicação personalizada são fatores extremamente importantes e decisivos para o fechamento de um negócio pelo consumidor 5.0.

PARA REFLEXÃO

O que a empresa precisa fazer hoje para atender a geração alpha?

Quais serviços ajudam a tornar a jornada de compra mais fluida?

Se você tem uma empresa, será que ela está adotando modelos adequados para o consumidor atual ou ainda está presa em modelos do século passado?

Entrevista: Paulo Conegero

Palestrante, professor convidado da ESPM, fundador da P.CON e mentor para empreendedores de moda

Como você enxerga o papel do vendedor omni?

O varejo mudou e o vendedor também precisou mudar para se adaptar e vender para o novo cliente. O vendedor omni hoje é o novo vendedor. Não teremos mais vendedor somente de loja física, essa visão é ultrapassada. Todo vendedor hoje precisa ser omni, pois o cliente é quem decide onde e quando quer comprar, e nessa jornada o vendedor tem um papel muito importante de gerar uma boa experiência para o cliente onde ele quer ser atendido.

Considerando que o vendedor da loja física passa a ser parte de uma jornada híbrida, como o varejo está tratando a remuneração variável?

A remuneração precisa acompanhar todas as movimentações do varejo. Se hoje o vendedor atende no físico e no digital, se ele faz a venda por todos os canais, então a remuneração variada dele precisa estar condizente com isso. As lojas/marcas precisam se adaptar para ajustar remunerações e comissões conforme a posição de seus vendedores hoje. Quando um vendedor atende em todos os canais da loja, isso quer dizer que ele pode fazer uma venda pelo Instagram, pelo chat do e-commerce, pelo WhatsApp ou dentro da loja física. Onde quer que ela tenha sido feita, ele precisa ser comissionado por isso.

O vendedor de loja física já está preparado para fazer atendimento receptivo via WhatsApp?

O atendimento receptivo pelo WhatsApp já é uma realidade da maioria das lojas físicas que disponibilizam seus contatos para os clientes, seja em suas redes sociais ou sites. O que o vendedor precisa é ser treinado para não somente atender esse cliente, mas fechar essa venda no celular, atuar muito mais como um *personal shopper*, um consultor de vendas digitais, do que como um atendente. Assim como o vendedor de loja física é treinado para sua função, para recepcionar o cliente quando ele entra na loja, mostrar as peças de roupas, levá-lo ao provador, ao caixa, e fechar a venda, o vendedor digital também precisa ser treinado para usar o WhatsApp da melhor forma, sem perder oportunidades. O WhatsApp é hoje uma grande ferramenta de vendas para o varejo, mas o vendedor precisa de treinamento e capacitação para usá-lo com estratégia. E digo isso porque, muito mais do que atender o cliente que entra em contato no celular da loja, com estratégia o vendedor faz um papel ativo de entrar em contato para antecipar a venda do cliente pelo WhatsApp.

Como as lojas físicas têm sido impactadas com a mudança da jornada de compra?

Hoje as lojas já têm grande parte de suas vendas oriundas do WhatsApp, então já têm sido muito impactadas pelo digital. Há ainda muito espaço para aquecimento e para criar estratégia, mas é preciso capacitar os vendedores. O que vemos é uma demanda reprimida nesse sentido, seja porque o atendimento em sua maioria é feito de forma receptiva apenas, sem estratégia de contato com o cliente, sem *speech* de vendas, em que se atua mais como atendente e menos como vendedor, seja pelo medo que muitos ainda têm de perder o cliente do físico para o digital, quando na verdade estamos vivendo a era do varejo phygital, e os vendedores precisam entender que o cliente híbrido, que compra em todos os canais, compra muito mais. Há muitas oportunidades para as marcas explorarem a jornada de compras omnichannel, inclusive usando o digital para atrair o cliente para a loja.

CAPÍTULO 2

O vendedor

Atuando em uma das profissões mais antigas do mundo, o vendedor assume, no atual ambiente mercadológico, um papel cada vez mais estratégico para o sucesso das operações do varejo.

Mais do que simplesmente vender, hoje o vendedor deve se relacionar com o cliente. Por isso, nossa proposta é designar esse profissional como um **agente de relacionamento**.

Para entendermos melhor essa transformação, vale voltarmos um pouco no tempo, até porque algumas das habilidades requeridas hoje para essa área resgatam valores típicos do perfil do vendedor no passado.

Pensamos aqui, por exemplo, naquelas figuras responsáveis pela venda de produtos, que eram, ainda lá na Grécia Antiga, os artesãos e os mercadores. O seu perfil estava muito distante do que precisamos hoje, mas o vendedor tinha uma característica valiosa: entendia de suas respectivas mercadorias como ninguém e, invariavelmente, conhecia bem a sua clientela.

O vendedor era capaz, então, de solucionar todas as possíveis dúvidas sobre o uso dos produtos, suas características, e eventualmente podia até mesmo detalhar o processo de produção.

Nesse momento, estávamos ainda bem no início dessa história de produção. Era um período marcado sobretudo pelo aspecto artesanal. Isso só começa a mudar radicalmente após a Revolução

Industrial, época em que surgiram os profissionais conhecidos como caixeiros viajantes. Profissão bacana! Esses homens (sim, eram apenas homens fazendo isso!) corriam pequenos vilarejos para apresentar as mercadorias que obtinham com um variado número de fornecedores.

Bons tempos, porque havia muita demanda, já que a oferta era escassa. Existem muitas anedotas sobre essa época, pois esse vendedor era capaz de vender qualquer coisa. Como a informação circulava pouco, era comum que ele conseguisse até ludibriar o consumidor, prometendo mil maravilhas sobre suas mercadorias.

É hora de profissionalizar

Ao acompanhar a evolução do mercado de consumo, percebemos que a vida do profissional de vendas mudou radicalmente quando as empresas passaram a competir pela atenção do consumidor de forma mais acirrada.

Por razões óbvias, já que são responsáveis por alavancar a sociedade do consumo, os Estados Unidos abrigaram os primeiros movimentos para profissionalizar a área de vendas.

Naquele momento, a palavra de ordem era colocar em segundo plano a ideia da venda de alta pressão que havia predominado no pós-guerra, começando um processo de qualificação dos profissionais.

Sabe qual foi a principal mudança exigida no perfil da atividade? A força de vendas deveria se orientar para as necessidades do consumidor e buscar entender suas demandas para fazer uma oferta mais adequada. E veja que estamos falando sobre os anos 1960. Ou seja, premissas que têm sido exigidas hoje não são bem uma novidade; o que muda é a ênfase dada ao processo.

Quando refletimos sobre o digital, devemos lembrar que atualmente o vendedor dispõe de muito suporte para realizar bem o seu trabalho. O mais importante, porém, é entendermos o vendedor como um agente de relacionamento. Não se trata mais, portanto, da pessoa que tira o pedido, até porque isso é feito digitalmente. A responsabilidade dele é outra: humanizar a venda, estabelecendo com os clientes uma relação que se aproxima, em muitos aspectos, daquela que mantemos em nossa vida pessoal.

O vendedor do século XXI

Se, no passado, o vendedor era o responsável pela conversão propriamente dita do negócio, hoje ele acumula novos papéis, porque deve responder também pela geração de tráfego. Isso faz com que esse vendedor precise estar mais bem capacitado para levar o cliente até a loja – seja ela física ou digital.

O principal é termos em mente que essa pessoa é que fará a abordagem do cliente. Caso contrário, o vendedor não tem muita razão de ser nas atuais estruturas do negócio.

Vale lembrar, como mostramos no capítulo 1, que o consumidor chega hoje muito mais preparado para a compra. Assim, a função de apenas expor as características do produto tem sido praticamente esvaziada.

Além de todas as informações disponíveis na internet, o cliente agora presta muita atenção às avaliações feitas por outros consumidores. E elas se multiplicam no ambiente digital, nos mais variados formatos. Podemos avaliar a experiência que tal pessoa teve com aquele produto por meio de uma troca de mensagens num grupo do WhatsApp, mas também buscar referências no Google, nas redes sociais ou em sites específicos, como o Reclame Aqui.

Considerando, então, que não temos muitos problemas para saber mais sobre os itens que queremos adquirir, o que pode ser determinante para fecharmos a compra com a loja X?

A resposta é simples: pode fazer muita diferença nessa experiência de compra ter um vendedor que consiga encantar o cliente, justamente porque sabe como fazer uma exposição mais adequada e disparar os gatilhos ideais para fechar o negócio.

Veja que, nesse novo modelo de atuação, a venda em si pode ser feita via WhatsApp, pelo site ou na loja física. Assim, o mais importante é estudar como podemos ter um profissional que consiga influenciar essa venda, porque ele tem o poder de humanizar a relação com o cliente.

Isso significa, então, que precisamos repensar o papel do vendedor, uma vez que a sua função é ajudar na tomada de decisão.

Para isso, o primeiro aspecto a ser considerado é: o processo de vendas não deve ser visto de forma única. Historicamente, determinadas categorias demandam uma força de vendas mais ativa e, claro, devidamente qualificada. Assim, se o seu produto envolve uma **venda complexa**, a sua estrutura precisa ser organizada de forma a valorizar a presença desse profissional, que exerce a função de um agente de relacionamento.

ETAPAS DE UMA VENDA COMPLEXA

DESCOBERTA	Entender o estado atual do *lead*
AGENDAMENTO	Gerar compromisso mútuo para uma reunião com o nosso especialista
DIAGNÓSTICO	Diagnosticar as dores, os gargalos e os projetos futuros
SOLUÇÃO	Apresentar as soluções para os problemas e gargalos identificados
NEGOCIAÇÃO	Negociar preços e planos
FECHAMENTO	Fechar a venda

Observamos que a jornada de compra do cliente pode ser bem diferente dependendo do tipo de produto ou mesmo da situação de uso. Imagine que sua loja comercializa itens que demandam informações específicas, considerando que as características do produto são mais intangíveis.

Por exemplo: na área de artigos esportivos, a compra de uma bicicleta pode ser simples ou complexa dependendo do uso do produto. Entre os modelos básicos de bicicleta, não há muito o que escolher. É provável que, nessa situação, a decisão seja tomada com base em preço, disponibilidade ou reputação de determinada marca.

No entanto, se estamos nos referindo a uma bicicleta para quem pratica ciclismo, a história muda completamente de figura. O comprador precisa ser atendido por um especialista, que terá um papel decisivo no fechamento do negócio se conseguir esclarecer dúvidas e recomendar o produto mais indicado para aquele uso.

Chegamos aqui a um ponto importante: o profissional, além de ter conhecimento técnico, deve entender a "dor" do cliente e oferecer uma solução apropriada.

O mais interessante é que, no varejo omnichannel, não importa muito onde essa "conversa" acontece. Aliás, como estamos falando de um produto complexo, são altas as chances de que seja empregado mais de um canal.

Assim, o contato pode começar num chat do site, evoluir para uma conversa no WhatsApp e, eventualmente, envolver até uma visita à loja física, quando o vendedor está pronto para receber o cliente.

Nesse caso, não importa também a origem do pedido. O cliente pode sair da loja e fechar a compra em casa, seguindo as especificações que foram enviadas pelo vendedor. Ou, se preferir, pode optar por encerrar o processo de compra na loja.

A chave, enfim, é entender que, para determinadas categorias de produto, as empresas devem adaptar suas estruturas de venda. Parece simples, mas não é.

Nessa venda que exemplificamos, a forma de remuneração do vendedor deveria ser diferenciada. Ele não pode estar preocupado apenas em bater a meta. O seu reconhecimento por parte da empresa deve vir justamente da sua capacidade de encantar esse cliente, de oferecer o atendimento que ele precisa.

Uma questão importante ao pensarmos nesse tipo de abordagem é que, numa compra complexa, o investimento exigido é significativo, e a pessoa precisa estar segura de que as características apresentadas são compatíveis com a sua necessidade real.

O que muda nessa nova situação de venda é que o *lead* pode chegar até a marca por meio de um conteúdo produzido pela loja, de uma busca no Google ou de um anúncio nas redes sociais.

Ou seja, o digital tem um papel fundamental na sua jornada. Contudo, **o fechamento desse negócio vai depender muito da capacidade do vendedor**, daquela figura que será responsável por humanizar essa relação, por estabelecer uma conexão emocional.

Como o vendedor fará isso? Ele será o responsável por solucionar as dúvidas, indicar o produto adequado para aquela pessoa e, o que é bem importante, deixar o cliente minimamente seguro sobre os atributos do produto que será adquirido.

O que temos visto no nosso dia a dia é que esse papel não pode mais ficar aos cuidados daquela figura que "vende qualquer coisa" ou "faz tudo pela venda". Construção de relacionamento, sob a perspectiva do vendedor, exige que esse profissional consiga se colocar ao lado do cliente de forma verdadeira e transparente.

Isso fica evidente quando pensamos na rotina do varejo. A pessoa entra numa loja e, ao pedir a opinião do vendedor, espera que ele seja sincero e realmente tente entender a sua demanda.

E existe uma diferença importante em relação ao passado: é provável que o cliente já tenha pesquisado muito sobre o item, e, portanto, o que ele precisa é mesmo de uma pessoa de confiança para solucionar suas últimas dúvidas.

Nesse sentido, nada pior do que encontrar pela frente um vendedor mal-informado, que sabe menos do que o cliente sobre o produto, ou de má vontade e mais preocupado em fechar o negócio a qualquer custo.

Ainda preciso de vendedor?

Em algumas categorias, é imprescindível contar com um profissional devidamente qualificado para fazer com que o cliente tome sua decisão de compra. Em outras, não há como negar, o vendedor perde sua importância. Em diversas categorias de produto, realmente não fará muita diferença ter aquela figura.

Um dos pontos centrais para definir o modelo de vendas mais adequado é considerar as opções que existem no mercado para aquele produto. Um aparelho celular básico, por exemplo, não apresenta grandes diferenciações entre as marcas, e o consumidor padrão tem noção das funcionalidades existentes no aparelho.

Isso significa que o consumidor pode facilmente encontrar conteúdos na internet que o ajudem a entender melhor as características de cada aparelho. Ele não precisa ir até a loja para obter essa informação, porque ela está disponível de outras formas.

Mais do que isso, essa pessoa pode conferir as opiniões do influenciador digital sobre o assunto, acompanhar o *review* feito por algum site ou mesmo dar uma olhada nas avaliações disponíveis no Google e no Reclame Aqui. Pode também fazer uma consulta via WhatsApp ou X (ex-Twitter) para pedir a opinião dos colegas sobre a experiência que tiveram com o produto.

Nesse caso, então, o que fará a diferença na estratégia de vendas é o fato de aquela marca estar preparada para atender o cliente no canal que for mais conveniente para ele.

E será que a lojinha do shopping ou a localizada perto da nossa casa podem ser mais eficientes na conversão dessa venda? Sim, se conseguirem oferecer uma experiência fora do comum para aquela pessoa.

É aí que temos também o vendedor como um agente de relacionamento. Ele presta um atendimento diferenciado, conhece o perfil do cliente e sabe exatamente o que oferecer – e em qual momento.

Em uma compra recorrente, o que fará a diferença é o fato de o vendedor entrar em contato com o cliente lembrando-o de que o item de que ele gosta está disponível; que está no período de repor o estoque; que conseguiu uma condição especial para ele... Enfim, nesse caso as formas de abordagem são praticamente infinitas.

O que faz com que essas abordagens sejam bem-sucedidas? Entre os principais fatores estão as informações reunidas sobre o comportamento do consumidor e a preocupação do vendedor em realmente "cuidar" da sua base de clientes, tendo um papel ativo e não passivo.

E por que esse modelo de venda consultivo é mais vantajoso para os negócios? Simples: porque ele abre, por exemplo, inúmeras possibilidades para aumentar o tíquete médio.

Atento à busca de soluções para as "dores" do cliente, caberá a esse vendedor oferecer um acessório que complemente aquela compra ou mesmo convencê-lo a fazer um *upgrade* dando argumentos para que opte por um produto de uma categoria superior.

Voltando para a história do ciclista, o atendimento personalizado pode fazer com que ele opte por um modelo mais sofisticado e ainda adquira outros itens importantes – por exemplo, para garantir mais segurança para a sua prática e/ou melhorar sua performance.

O mesmo raciocínio pode ser empregado para uma série de categorias que, muitas vezes, não conseguem aproveitar de forma adequada as oportunidades, justamente por não contarem com um vendedor que está olhando (de verdade) para as necessidades daquele cliente.

Quais são as novas métricas?

Quando pensamos nesse vendedor mais qualificado, é preciso ter em mente que ele não deveria ser avaliado e remunerado apenas pela quantidade de vendas.

É importante reconhecer o seu papel de influência na decisão de compra, considerando todas as etapas da jornada de compra. Assim, cabe um monitoramento mais eficaz, que entenda a relevância daquela pessoa que conseguiu ter um papel mais ativo na fidelização dos clientes, por exemplo.

Com a automação dos processos, não é complicado avaliar outras variáveis do processo de vendas, como a influência daquele vendedor na recompra, no aumento do tíquete médio, na satisfação do cliente ou mesmo na sua contribuição para o *branding* da marca.

Na teoria, essas questões sempre são colocadas nos relatórios, mas será que fazem parte dos critérios usados na análise de desempenho da força de vendas?

Muitas vezes, na correria do dia a dia, a empresa acaba dispensando justamente o vendedor que estabeleceu um relacionamento mais duradouro com a base de clientes. E, ao mesmo tempo, mantém na equipe aquela pessoa que até consegue bater as metas do mês, mas não impulsiona a recompra.

No e-commerce, a análise dos resultados mostra que a compra única, dependendo da situação, pode até gerar prejuízo para a operação, uma vez que o custo de aquisição de clientes (CAC) é muito alto.

Entram nessa conta todos os esforços empreendidos para atrair o cliente, como os investimentos em mídia. E é essencial que, no atual cenário, se considere também a importância do vendedor para fazer esse trabalho de divulgação.

Investir na qualificação dos profissionais pode representar uma boa redução de custos, se considerarmos que eles podem fazer uma abordagem muito mais assertiva. É a velha história de abordar o cliente certo, no momento correto e com a mensagem mais adequada para o estágio no qual aquele consumidor se encontra em sua jornada de compra.

O desafio para o varejista é acompanhar a venda em vários canais. Se foi dentro da loja física, era um produto do e-commerce? O negócio foi fechado via WhatsApp, mas depois que a conversa foi estabelecida na loja física?

Outra questão fundamental é pensar nos modelos de negócio. Numa operação que adota o conceito omnichannel, a recomendação é que se avaliem outras formas de remuneração desse vendedor.

PARA REFLEXÃO

O negócio mudou, mas ainda pagamos o vendedor da mesma forma que na década de 1970.

É necessário entender que, para o consumidor, não faltam informações sobre os produtos e serviços – o que pode faltar é conhecimento. Por isso, ter alguém qualificado no processo de vendas pode fazer a diferença.

A questão é: como fazer com que o vendedor tenha um papel mais ativo ajudando o cliente a encontrar a solução para a sua "dor"? Respostas prontas e simples não existem, até porque não há uma fórmula que possa ser adotada por todas as empresas. Depende do produto, do tipo de concorrência que cada uma enfrenta, etc.

Contudo, podemos ser taxativos num ponto: **é impossível ignorar a necessidade de revisão das atuais estruturas de venda**, com orientação para esse novo consumidor.

Muitos negócios estão enfrentando dificuldades (e muitos outros enfrentarão isso nos próximos anos) por insistir em modelos que não funcionam mais. Nesse caso, não adianta investir milhares de reais em novas tecnologias ou em programas de automação para as tarefas.

O mais importante, no final das contas, é cuidar desse processo de vendas partindo do entendimento de que o profissional deve assumir um novo papel.

A era do assistente digital de vendas

Pensar em um assistente digital de vendas é algo mais adequado para o ambiente híbrido, no qual temos que garantir toda a conveniência do digital, mas com a "temperatura" da venda física.

Nesse caso, há um assessoramento humano de uma venda que começa e termina no digital. Temos bons exemplos disso no *live commerce* (a venda on-line que se inicia em lives de apresentação de produtos) ou mesmo na venda via WhatsApp.

O que pode dar certo num futuro próximo? Investir num canal dedicado à venda digital assistida. Nela, temos um vendedor com muita informação e que conta com o suporte da tecnologia para realizar o seu trabalho. Esse suporte não se limita às ferramentas que facilitam o processo, estendendo-se também para as áreas de Business Intelligence (BI), responsáveis por fornecer o subsídio necessário em termos de dados.

É a informação transformada em conhecimento sobre o comportamento de consumo.

O digital faz muita diferença nesse caso, uma vez que conseguimos trabalhar o *one-to-one*, pessoa a pessoa, mas com uma quantidade enorme de clientes. E o vendedor atua 100% focado em resolver os problemas do consumidor, que está mais bem informado e disposto a receber vídeos e fotos do produto para tomar sua decisão mesmo sem estar fisicamente na loja.

Na realidade, o processo de vendas depende muito da confiança. O desafio num mercado mais competitivo é pensar em como gerar essa confiança. É esse caminho que têm seguido as empresas totalmente digitais: elas atuam com foco na venda assistida.

Assim, diferentemente daquele vendedor que fica na loja física, o assistente digital se dedica a esse atendimento o tempo todo e, por isso, consegue ser mais eficiente.

Enquanto isso, aquele que responde aos clientes apenas quando está ocioso acaba perdendo vendas, pois, como vimos no capítulo 1, o consumidor é cada vez mais impaciente e deseja respostas rápidas.

Como começar a mudança?

Antes de responder a essa pergunta, vale lembrar: nem sempre as mudanças dependem de iniciativas complexas e caras, ou de projetos mirabolantes. Em muitos casos, ações simples podem fazer muito bem para os negócios.

Talvez o melhor exemplo disso sejam os muitos empreendedores que têm sucesso justamente por praticar a boa e velha empatia, ou seja, colocar-se no lugar do cliente. Ao fazerem isso, obtêm êxito porque encontram, de forma efetiva, uma solução para a "dor" do seu consumidor.

Com isso, podemos dizer que a construção de modelos de venda mais adequados para a atual realidade do mercado pode partir, por exemplo, de **análises mais cuidadosas sobre a jornada de compra do cliente**.

Toda pessoa, antes de realizar uma compra, passa por alguns estágios. Isso é válido para qualquer categoria de produto, pois é bem raro nos dias de hoje, com tantas informações disponíveis, que alguém faça uma compra sem pesquisar e entender melhor os diferenciais daquela mercadoria.

Fique atento: mesmo uma compra feita aparentemente por impulso costuma ter levado algum tempo para amadurecimento. Nesse sentido, é bem provável que ela tenha envolvido alguma pesquisa ou a recomendação de alguém.

Qual o papel do vendedor em cada etapa da jornada?

Aprendizado e descoberta

Essa é a fase do conhecimento, que pode ser dividida em dois momentos: aprendizado e descoberta. O que importa é saber que a decisão de adquirir determinado produto ou serviço começa sempre por algum tipo de pesquisa sobre aquele item.

Nessa fase, muitas vezes nem mesmo o cliente sabe o que está procurando. Ou seja, ele tem uma necessidade (uma "dor") e sabe que precisa de algo, ainda que não consiga definir exatamente o quê.

É natural que o cliente inicie sua pesquisa por um serviço de busca, como o Google, ou procure alguma ajuda de amigos pessoalmente, nas redes sociais ou numa conversa via WhatsApp.

O vendedor pode ser procurado pelo consumidor, na loja física ou via canais digitais, se for considerado uma pessoa de confiança por aquele cliente. O fato de ter uma pessoa confiável (e com conhecimento) para assessorá-lo pode fazer a diferença na tomada de decisão.

Com as facilidades da compra digital, contudo, é importante que essa loja esteja preparada para abordar esse cliente em outros canais. As marcas devem estar prontas para lidar com diferentes situações. E o que pode ser feito com os clientes que não procuram a loja?

Ter um agente de relacionamento pode ajudar bastante. A partir do conhecimento reunido sobre aquele cliente (e do monitoramento realizado), o vendedor pode abordar o consumidor ainda na fase de pesquisa.

Nesse caso, os canais digitais ganham relevância, uma vez que o contato pode ser estabelecido, por exemplo, via WhatsApp. E a diferença é que o vendedor, depois do mapeamento, pode fazer a oferta de produtos condizentes com o perfil daquela pessoa.

Reconhecimento do problema

O estágio seguinte é justamente o reconhecimento do problema. Na sequência padrão da jornada do cliente, esse consumidor agora passa a procurar por itens específicos.

Como faz isso? De diversas formas: ele pode ir atrás de mais informações nas redes sociais, acessar o site da loja ou mesmo ir ao ponto de venda físico. O importante é que consiga encontrar o que procura. Assim, as informações podem estar num conteúdo produzido pela marca ou nas avaliações dos clientes.

Pela multiplicidade de opções que ele tem para buscar informações, várias estratégias podem ser usadas para capturar a atenção dessa pessoa. Mas, para que a iniciativa seja bem-sucedida, é importante ter em mente que o consumidor ainda está num processo de reconhecimento do problema.

A comunicação nesse estágio não deve ser "vendedora". O ideal ainda é ajudar o cliente a entender a sua "dor" e definir qual é exatamente a sua necessidade.

Nesse momento, o vendedor pode aproveitar para nutrir o *lead* com informações que ajudem a pessoa a tomar a decisão. Funciona bem nesse caso, por exemplo, adotar uma régua de relacionamento.

Como isso funciona na prática? É simples! Estamos falando sobre a necessidade de preparar uma sequência de mensagens que serão enviadas ao cliente.

Dica importante: a empresa deve oferecer materiais que auxiliem na abordagem do cliente. Fotos, vídeos, áudios e até memes. A força de vendas precisa contar com materiais de comunicação adequados para cada etapa.

Para o cliente, isso acontecerá de forma natural, uma vez que ele vai receber esse conteúdo de alguém em quem confia, com quem tem um relacionamento.

Consideração da solução

Essa é uma das etapas mais importantes num processo de vendas. O consumidor, que até então era apenas um *prospect*, torna-se um *lead*. Temos na mira um cliente em potencial, que precisa ser convencido dos diferenciais da oferta daquela marca.

A tomada de decisão, obviamente, envolve uma série de fatores. Porém, está mais do que comprovado que o acesso às informações é prioritário para esse momento de escolha. É hora de detalhar os diferenciais competitivos da marca e provar que ela é superior às concorrentes.

O ideal é que, nesse estágio, a empresa tenha conseguido estabelecer uma relação direta com o usuário. Essa "conversa" deve acontecer de forma mais personalizada – por exemplo, a partir do uso de mensagens via WhatsApp, do e-mail marketing ou mesmo do televendas.

Não existe fórmula mágica para estabelecer qual o melhor caminho, mas a abordagem deve ser personalizada. Em outras palavras, o cliente precisa sentir que está recebendo uma atenção especial da empresa, que ela sabe exatamente o que ele está procurando e, claro, tem condições de atendê-lo.

Geralmente, esse é o momento de convidar o cliente para ir até a loja ou de enviar informações mais detalhadas das opções que ele encontrará no seu negócio. Saímos, então, daquela abordagem mais genérica (que visa à educação do cliente) para uma conversa mais focada nas opções que serão oferecidas e em soluções que realmente atendam o cliente.

Decisão de compra

É o momento de finalizar a compra. Nada melhor do que colocar os especialistas à disposição do cliente. Nesse estágio, o ideal é que o processo seja assumido pela força de vendas.

Ao longo da jornada, o marketing fica responsável pela preparação do consumidor, ou, para usar um termo técnico, pela nutrição do *lead*. Com o cliente devidamente preparado, é hora do vendedor usar os seus recursos para fechar o negócio.

É importante que a força de vendas tenha a autonomia necessária para preparar as ofertas. Afinal, se temos um cliente que já sabe sobre o produto, chegou o momento de "ir para o tudo ou nada" em termos de condições de venda.

Caso haja algum problema e a negociação não dê certo, essa informação deve ser devidamente registrada para que o marketing possa entender o que aconteceu.

Nessa fase, o vendedor coloca em prática todo o seu conhecimento sobre gatilhos mentais. Ele deve saber o que dizer para vencer as eventuais resistências. A tecnologia hoje é uma grande aliada das empresas no treinamento desse profissional, que, vale enfatizar, pode (e deve) receber a capacitação necessária para ser o protagonista do processo.

Sintetizando:

- Num ambiente onde o consumidor tem cada vez mais informações, o vendedor deve assumir uma nova postura.
- O foco do profissional de vendas não pode estar mais no fechamento da venda, e sim no relacionamento.
- A tecnologia abre novas possibilidades nessa área, porque o vendedor está à frente do processo, mas a gestão e o controle permanecem com a empresa.
- O agente de relacionamento (ou o assistente digital de vendas) é peça-chave para humanizar o processo de vendas, o que é importante num ambiente que se torna muito mais hostil para as empresas.

PARA REFLEXÃO

A humanização das relações comerciais é uma demanda do novo consumidor e o pilar de uma boa experiência.

O desafio é entrar no inconsciente do cliente e tentar trazer o melhor dos dois mundos: a conveniência da compra à distância com o atendimento da venda física.

O vendedor passa a ser um agente da jornada de compra. Um agente de relacionamento. Não fechar a venda na loja não é sinônimo de insucesso.

CAPÍTULO 3

Pedidos

Após olharmos com mais atenção para o comportamento do consumidor e os novos papéis que devem ser assumidos pela força de vendas, chegou o momento de entender as mudanças que devem ocorrer na operação do varejo.

Para começar, o alerta: o processo de escolha em ambientes multicanais é muito mais complexo do que parece. Por isso, é urgente rever os modelos adotados para cuidar adequadamente da gestão dos pedidos.

Na era da omnicanalidade, não faz sentido que as empresas ignorem a necessidade de se adaptar a uma jornada de compras híbrida. Não se trata apenas de orientar a operação para a venda on-line, mas de integrá-la ao dia a dia das lojas físicas, envolvendo a operação do PDV (ponto de venda) e os colaboradores nesse processo.

Um dos grandes erros cometidos pelos gestores é imaginar que a loja física atenderá um perfil de cliente enquanto o e-commerce lidará com outro tipo de cliente. Seguindo esse raciocínio, o desafio seria preparar os negócios para oferecer diferentes opções em termos de canais, de modo a alcançar um público mais abrangente.

Isso até foi realidade lá no começo do e-commerce, mas o cenário hoje é bem diferente. Independentemente do canal, o consumidor é o mesmo. Dependendo do seu momento de compra, ele optará por um ou outro canal.

Assim, quando pensamos no comportamento omnichannel do cliente no neovarejo, o que está em jogo é justamente a necessidade de tornar o processo de vendas mais fluido. Nesse sentido, o pedido é a manifestação da escolha do consumidor, que deve ser atendida a partir da melhor experiência possível.

Na prática, isso significa que o varejista deve garantir que a compra aconteça da maneira mais conveniente para cada cliente em cada momento. Isso independe da manifestação acontecer no ambiente físico ou digital, de forma autônoma ou assistida.

Evolução contínua

A boa notícia, nesse cenário de alta complexidade, é que hoje as empresas têm à disposição soluções tecnológicas adequadas para organizar com mais inteligência a gestão dos pedidos. A digitalização fez um bem enorme para os negócios, permitindo que tarefas que demandavam horas de trabalho passassem a ser feitas em segundos, com alguns cliques; ou mesmo totalmente delegadas aos algoritmos, sem intervenção humana.

Exagero? De forma alguma. Pense, por exemplo, em como era difícil organizar manualmente os pedidos de uma loja. Nas últimas décadas, com a evolução das ferramentas, a organização do fluxo de trabalho ficou bem mais simples, gerando, além da redução de custos, muito mais eficiência.

Num ambiente multicanal, porém, os desafios se multiplicam. Afinal de contas, é importante garantir que haja perfeita sincronia entre a jornada do consumidor e a jornada do produto.

Ainda que para o consumidor todo esse processo seja imperceptível, é essencial que as empresas consigam diversificar seus modelos transacionais (aliás, essa é uma das premissas básicas do neovarejo) e contemplar desde a venda digital assistida até a gestão do catálogo no mundo virtual.

Mas vamos começar do início, para entender melhor a gestão dos pedidos num modelo omnichannel.

Como vimos, o consumidor não diferencia canais digitais de canais físicos. Além disso, no digital ele também pode optar por realizar a compra em diferentes plataformas: redes sociais, marketplace, WhatsApp, site, mobile, etc.

Outra característica importante desse processo de vendas é que ele precisa ser flexível. É essencial que a operação esteja preparada para atender diferentes formatos. Para citar os mais comuns:

- Os clientes da loja física podem escolher qualquer endereço de entrega.
- A loja física envia produtos para outra loja física para satisfazer um cliente local.
- Os clientes compram em qualquer canal e retiram na loja física de sua preferência.
- Os clientes reservam produtos na loja física, onde analisam os itens antes de comprar.
- Os clientes trocam na loja física um produto comprado na loja virtual.
- Cada uma das lojas físicas se torna um centro de distribuição (CD) de produtos comprados em outros canais.

Refletindo sobre esse novo ambiente que se configura para o varejo, nos parece certo que não existe mais um modelo único. Cada negócio, a partir de suas características, do momento no qual se encontra e das necessidades de seus clientes, precisa entender o que faz mais sentido para o seu público.

Diante de um consumidor que transita com tanta facilidade entre os canais e que está tão centrado em suas próprias necessidades, fica evidente que sairá na frente a empresa que for flexível na gestão dos canais de relacionamento com o cliente.

Daí essa urgência em pensar na gestão do pedido de forma menos padronizada. O ideal é ter como ponto de partida a experiência do cliente e, a partir dessa perspectiva, planejar o fluxo de trabalho adequado para cada consumidor, de modo individualizado.

O único aspecto determinante é que a loja (qualquer que seja sua configuração) é um centro de experiência. O desafio para o varejo nesse ambiente é se organizar para criar o modelo mais adequado para aquela experiência.

A boa notícia é que o omnichannel facilita muito esse planejamento, na medida em que os canais se apoiam mutuamente no esforço em prol da satisfação do consumidor.

E, como têm mostrado os muitos projetos bem-sucedidos do varejo brasileiro e mundial, o sucesso dessa empreitada está justamente no fato de que o cliente nem mesmo se dá conta de que houve, por exemplo, uma troca de canal.

É aí que está a grande oportunidade do neovarejo: criar modelos mais fluidos, nos quais não haja fricção em nenhum momento da jornada de compra.

Falamos bastante em colocar o cliente no centro das estratégias, mas isso só acontece quando a empresa privilegia a experiência do consumidor, e não o que funciona melhor para o seu modelo de operação. Não é simples nem rápido fazer essa mudança de paradigma, mas é essencial para que a empresa continue a ter sucesso.

Estado da arte

Uma dúvida frequente que ouvimos dos clientes é se essas opções dizem respeito somente às grandes operações varejistas. A resposta é um sonoro **não**.

Independentemente do porte da empresa ou mesmo do ramo de atuação, essas possibilidades devem estar presentes no dia a dia, uma vez que são mais adequadas às necessidades atuais dos clientes.

Dissemos no início que hoje as empresas têm acesso a soluções capazes de atender a essas demandas. Isso ocorre principalmente a partir do uso do OMS (Order Management System), considerado o "estado da arte" para a atuação omnichannel.

É por meio dessas plataformas que as empresas conseguem gerenciar o ciclo de vida (LTV) dos pedidos, com a vantagem de que a disponibilidade dos produtos em estoque, por exemplo, será feita em tempo real e contemplando todos os canais.

Com isso, não há problema se o cliente quer comprar on-line e retirar na loja, ou comprar na loja e receber em casa. Também não importa se ele prefere uma compra mais autônoma ou se precisa receber algum tipo de assistência durante o processo.

Outra vantagem relevante desses sistemas: eles conseguem fazer uma distribuição inteligente dos fluxos de cada canal. Com o uso de algoritmos, é possível escolher a melhor combinação para o envio dos produtos, considerando custo, prazo e até benefícios fiscais da região.

Com isso, os sistemas OMS respondem a um dos dilemas da venda multicanal: como lidar com diferentes situações em um mesmo pedido. Isso é possível porque o OMS gerencia todos os canais de venda em um único sistema, da entrada do pedido até a entrega, oferecendo uma experiência de alto nível para o consumidor.

Entre os benefícios tangíveis desse tipo de plataforma, podemos citar a otimização de custos e o controle de todo o processo de vendas em tempo real, o que garante que o varejista consiga visualizar tudo o que acontece da entrada até a entrega do produto.

O que vem por aí

Uma boa forma de pensar em formatos mais disruptivos para a gestão do pedido é considerar que hoje as compras não têm mais uma origem única e não seguem os mesmos padrões.

Se entendermos o pedido como a manifestação da vontade do cliente, fará todo o sentido refletir sobre as mudanças que ocorrem no mercado em função da chegada das novas gerações ao ambiente de consumo.

Nesse contexto, mais do que pensar na oferta de novos canais de compra, talvez o desafio seja pensar em novas experiências. E, nesse caso, é importante considerar modelos como o chamado *alt commerce*.[1] O termo foi bastante empregado nas palestras de 2022 da NRF Big Show e tem relação com a proposta de um *alternative commerce*.

O que ele contempla? Basicamente, o *alt commerce* tem como premissa a configuração de ambientes de compra e venda dinâmicos e interativos. Num primeiro momento, o ponto de partida pode estar nas redes sociais, nos serviços de mensagem ou mesmo no ambiente dos games.

O principal, contudo, é considerar que, com a chegada dos consumidores das gerações alpha e Z, é preciso repensar o tipo de experiência que será oferecida a eles. Sites estáticos, sem muitos atrativos, tendem a ficar fora do radar desse público.

---

[1] Essa definição foi dada por Kate Ancketill, CEO e fundadora da GDR Creative Intelligence, na palestra *Retail trends 2022: innovative concepts, alternative commerce and the metaverse*, uma das comentadas da NRF 2022.

Vale lembrar que essas gerações, que já representam boa parte dos nossos consumidores, nasceram num ambiente dominado pela tecnologia.

No caso da geração alpha, que inclui os nascidos a partir de 2010, estamos falando de um grupo que desde a infância tem forte presença nas redes sociais. Para eles, o mundo analógico é até incompreensível, e a distinção entre os ambientes físicos e digitais não faz sentido.

Eles já convivem no dia a dia com relações omnichannel e, por isso, facilmente ignoram uma marca que faz ofertas distintas entre os pedidos em ambientes diferentes. E, como sempre acontece nesses movimentos de transformação da sociedade, a tendência é que seus comportamentos sejam assimilados pelas demais gerações.

Olhar o mercado sob essa perspectiva nos ajuda a entender que não existe mesmo nenhuma lógica em comprar de uma empresa que não seja *mobile first*. Afinal, para essa geração, não faz sentido que algo só exista fora do seu aparelho celular.

Nessa mesma linha, é bom lembrar que o metaverso não é algo para o futuro: já está acontecendo. Fique de olho nas compras de itens virtuais e NFTs que já ocorrem nos ambientes virtuais. O mercado de NFTs, por exemplo, cresceu 400 vezes desde 2018 e movimentou 18 bilhões de dólares em 2021, segundo a Cointelegraph Research (Reguerra, 2023).

O que está por trás disso é a existência de uma jornada não linear e que não poderá ser atendida pelas marcas que mantiverem um pensamento binário: on-line ou off-line. É preciso pensar em on-line **e** off-line.

Nesse processo mais fluido, a manifestação da vontade do cliente (o pedido) será feita em um ambiente omnifulfillment, formado por lojas que funcionarão praticamente como centros de logística integrados, sem filas de pagamento, sem prateleiras ou corredores maçantes. É o mundo do varejo automatizado, das *dark stores*, das *cloud kitchens*, do *quick commerce*.

A gestão do pedido precisa considerar que os consumidores serão, cada vez mais, formados por essa geração que ignora totalmente os caminhos tradicionais. Ela compra em assistentes virtuais, em apps como Pinterest e TikTok, em comunidades virtuais (*group shopping*), via *live streaming*, dentro de games. Sem falar que é um público que não tem nenhum estranhamento (bem pelo contrário) com o mundo do aluguel, da segunda mão, dos empréstimos.

Entrevista: Tiago Mello

CMO e CPO Linx Stone

Como você enxerga o novo momento do varejo?
Que a logística omnichannel vem se tornando essencial para uma ótima experiência on-line já não é um segredo. A velocidade de entrega é um dos grandes desafios que varejistas enfrentam em todo o mundo, e as expectativas dos clientes são cada vez mais elevadas – a ponto de fazer com que a entrega no mesmo dia seja um fator de fidelização às marcas.

Entregas rápidas, porém, pressionam os custos. Considerando que a logística de última milha representa mais da metade dos custos logísticos totais e que o brasileiro tem a cultura do frete grátis (mais de 40% dos pedidos são feitos para aproveitar esse serviço, mesmo com prazo mais longo), é muito difícil repassar esse custo para o consumidor.

Portanto, é preciso ser extremamente eficiente na operação logística para manter os custos sob controle. É onde entra em cena o Order Management System (OMS): uma solução que gerencia o ciclo de vida dos pedidos para otimizar o uso dos estoques e fazer a entrega mais barata possível dentro dos limites de tempo impostos pelos clientes.

Um sistema de gerenciamento de pedidos (OMS) faz o rastreamento das informações e processos de negócios, incluindo a entrada dos pedidos, gestão dos estoques, processos de fulfillment e pós-entrega. Nessa jornada, ajuda a empresa a organizar e automatizar a logística, a partir de regras de negócios e considerando a disponibilidade de estoque no centro de distribuição e em cada loja física da rede.

Como funciona a jornada de um sistema de gerenciamento de pedidos (OMS)?
Quando um pedido é feito e o prazo de entrega é escolhido pelo cliente, um processo automatizado é disparado no OMS. É o sistema

de gestão de pedidos que vai decidir, com base na posição de estoque de cada local, nas características de entrega e no prazo definido pelo consumidor, se o pedido será expedido da loja mais próxima, do local com custo mais baixo ou se itens serão movidos de uma loja para outra para atender à demanda.

Essa decisão também leva em conta fatores como o modelo de delivery (na casa do cliente ou retirada em loja?), o tempo de entrega, o nível de estoque em cada localidade e até mesmo o trânsito e o valor cobrado pelas transportadoras.

Os sistemas de gerenciamento de pedidos no e-commerce centralizam todos os pedidos dos clientes, não importa em qual canal eles tenham sido recebidos ou como serão entregues. Essa integração também ajuda outras áreas de negócio, como a de atendimento ao cliente, CRM e contabilidade, a funcionar com mais eficiência, pois leva o negócio a trabalhar com informações consolidadas.

Quais as vantagens para o seu negócio com sistema de gerenciamento de pedidos (OMS)?
Com a expansão do e-commerce, os sistemas OMS se tornam cada vez mais importantes. Eles ajudam as empresas a atender às expectativas dos clientes por agilidade, flexibilidade e baixo custo de entrega, além de facilitar a consolidação de pedidos que venham de vários lugares diferentes – assim, o cliente não precisa necessariamente receber vários pacotes que fazem parte do mesmo pedido.

Pensando de forma estratégica, o uso de um sistema de gerenciamento de pedidos facilita o uso de novos canais de venda no futuro. Se certa rede social passa a ser um canal relevante de compras, basta integrá-la ao OMS para que os pedidos gerados nesse canal aproveitem toda a infraestrutura de automação e entrega já estabelecida. Com isso, o negócio pode crescer mais rapidamente e manter a eficiência em novos canais de venda.

Uma solução OMS no e-commerce oferece uma série de vantagens para o varejo, tais como:

- **Ganhos na gestão de estoque:** com o uso de um OMS, o varejista tem mais visibilidade de suas vendas, o que permite otimizar os níveis de estoque para evitar excessos e movimentar os produtos para as localidades onde haverá mais possibilidade de

saída (o que reduz o tempo de delivery). Uma visão consolidada de toda essa estrutura evita custos elevados ou a perda de uma venda porque o estoque está dividido em muitos lugares.
- **Segurança no uso de dados:** uma vez que a mesma informação é usada em todas as áreas de vendas e nos processos de fulfillment, é preciso digitar menos informações, de modo que se reduz o potencial de erros e inconsistências.
- **Visibilidade da informação:** um sistema de gerenciamento de pedidos também facilita a visualização e o rastreamento de pedidos ao longo das áreas da empresa, o que traz ganhos para o atendimento ao cliente. O próprio consumidor pode, no limite, ter acesso às informações do OMS para acompanhar o status de seu pedido. Isso traz mais confiança na marca do varejista.
- **Análise de informações:** os dados coletados pelo OMS podem ser utilizados para a tomada de decisões, uma vez que o sistema identifica padrões de vendas, monitora os KPIs considerados importantes pela empresa e ajuda na previsão das vendas e dos níveis de estoque.

Quais os desafios?
Nem tudo são flores. É preciso fazer o alerta: como tudo que se refere à tecnologia, existem desafios a serem superados para que o OMS funcione perfeitamente. Alguns dos principais problemas que devem ser enfrentados pelos gestores para fazer com que esse sistema traga todo o ganho possível são:

- **Falta de integração:** para funcionar bem, o OMS precisa estar conectado a outras áreas do negócio. A integração com o CRM, com a gestão financeira, com os sistemas de *supply chain* e com outras soluções corporativas traz um grande ganho de eficiência aos processos de negócios e ao atendimento ao consumidor.
- **Adoção parcial:** ao passar a utilizar um OMS no e-commerce, o ideal é que a empresa o faça completamente. Adotar parcialmente a solução fará com que parte das tarefas que garantem o sucesso do omnichannel não esteja automatizada. Se os níveis de estoque não estiverem integrados em tempo real, por exemplo, aumenta a possibilidade de erros e de custos adicionais para resolver os "buracos" deixados.

Além disso, o OMS acarreta significativos ganhos gerenciais, com relatórios em tempo real e *dashboards*. Ignorar esse potencial é deixar de lado a possibilidade de crescer mais rápido e de conquistar mais clientes.

CAPÍTULO 4
As lojas

A loja, hoje em dia, é um local onde a venda até pode acontecer. Para alguns, pode causar certo estranhamento essa ideia de que as lojas "podem até vender". Como assim? Não é essa exatamente a razão da existência das lojas?

Quando pensamos no neovarejo, o conceito de ponto de venda é, provavelmente, o que passou pela maior transformação nas últimas décadas, materializando as mudanças que têm acontecido nas relações de consumo.

Muitas dessas mudanças são resultado direto do avanço da tecnologia, mas o que está em jogo nessa história é o reconhecimento de que as lojas podem (e devem) extrapolar suas funções.

A venda propriamente dita, como já discutimos nos capítulos anteriores, não precisa mais acontecer necessariamente no espaço físico. Contudo, isso não significa decretar o fim do varejo físico. O que acontece, para usar um termo bastante empregado nesta era de transformação digital, é que esse ponto de venda deve ser ressignificado.

No dia a dia, percebemos que a loja física é praticamente imbatível quando se considera o seu poder de conversão, e ela é entendida aqui no sentido mais amplo. Por isso, o primeiro passo para entender a loja do futuro é pensar nela como um **ponto de experiência e relacionamento com o cliente** – e não mais como um ponto de venda.

Não se trata de uma mera questão semântica. O mais importante é valorizar a experiência do cliente, que é determinada pelo que acontece em toda a sua jornada de compra.

A partir do momento que essa jornada se torna mais flexível, não faz tanto sentido que os gestores continuem olhando o processo de vendas de forma linear. Nesse contexto, o que fará a diferença para os negócios é preparar a loja para participar dessa jornada em todos os estágios, e não apenas no final, na decisão de compra.

Considere as inúmeras funções que as lojas têm assumido na era da omnicanalidade:

- Para uma pessoa que está no início da jornada, a loja pode ser o local no qual ela vai encontrar a curadoria, ou seja, terá alguém ali para ajudar na tomada de decisão.
- Para quem já está na fase de entrega, a loja é um local de retirada do produto. Isso já tem acontecido, tanto que muitas operações têm reformulado seus espaços para atender a esse tipo de demanda.
- No pós-venda, aspectos como devoluções, resposta a dúvidas de uso dos produtos ou solução de demandas que surgem depois da retirada do pedido podem ser resolvidos nas lojas físicas, com a vantagem do atendimento humano para trazer mais acolhimento e relacionamento.
- Para quem é cliente da marca, a loja também oferece inúmeras possibilidades e assume a missão de nutrir a relação com o cliente. É o que vemos acontecer nas lojas "instagramáveis", idealizadas justamente para que o consumidor possa não apenas aproveitar as experiências, mas compartilhá-las. A loja também assume uma posição de local de eventos e de centro de educação e aprendizado.

Essas são algumas situações básicas para entendermos por que a loja é um ponto de experiência, mas essa lista é praticamente infinita. Tenha em mente que o tipo de experiência que será oferecida assume contornos diferentes de acordo com o posicionamento da marca.

Hoje já encontramos diversas operações que, por exemplo, optaram por oferecer serviços dentro da loja física como uma forma de facilitar o dia a dia do cliente.

Como o tempo, atualmente, é um recurso finito para todo mundo, a possibilidade de entrar em um local e resolver várias das suas demandas é um diferencial. Um bom exemplo é uma loja que oferece auxílio para a instalação de produtos – o consumidor valoriza a facilidade e a segurança oferecidas por esse tipo de solução.

O mesmo raciocínio vale para inúmeras outras situações, como as das lojas de brinquedo, que, mais do que expor e vender seus produtos, transformam o local num espaço de experimentação e de convivência. Quem tem filhos pequenos e mora num grande centro urbano sabe como é importante, muitas vezes, ter um local no qual o filho possa ter um tempo de interação com outras crianças.

Podemos pensar também no caso das lojas do segmento pet, que hoje oferecem diversos serviços para facilitar a vida de quem tem um animal de estimação.

Nada disso é exatamente uma novidade: muitos desses conceitos fazem parte das premissas do marketing de experiência. Há alguns anos as marcas têm buscado refinar suas estratégias de posicionamento, indo além de argumentos puramente racionais para buscar vínculos emocionais – e mais duradouros – com seu público.

Mas o entendimento da loja como um ponto de experiência extrapola questões como os apelos visuais. Aprofundando esse assunto, vamos detalhar melhor o papel da loja sob a perspectiva das operações omnichannel, porque esse é o ponto de inflexão dessa história.

Experiência de compra

Antes de abordarmos as configurações ideais para a loja do futuro, vamos voltar um passo, entendendo melhor a questão da experiência de compra.

Há alguns anos, o consumo deixou de ser puramente baseado nas características funcionais apresentadas pelos produtos e serviços vendidos nas lojas. Podemos, como referência, posicionar essa transformação no final do século passado, embora ela não tenha ocorrido de forma repentina – ainda hoje, por sinal, é possível encontrar "dinossauros", isto é, lojas mais focadas no funcional do que na experiência.

Como nossa intenção não é analisar essa questão de um ponto de vista teórico, vamos observá-la de uma forma prática. O que nos interessa é que essa mudança, determinada por inúmeros fatores, levou o varejo para o que chamamos de consumo experiencial, fundamentado no apelo emocional.

Desde essa virada, o desafio para as empresas se tornou ainda maior, uma vez que a satisfação das necessidades emocionais é bem complexa, pois envolve questões estéticas, corporais, sensoriais, relacionais, lúdicas, etc.

Sob a perspectiva de quem precisa persuadir alguém a adquirir um produto, certamente a vida era mais fácil quando o principal eram os atributos tangíveis. Sem falar que, naquele momento, de menor disputa de mercado, era mais fácil para as marcas manterem os seus diferenciais por um bom tempo.

Hoje, essa realidade é muito mais complexa. Para começar, geralmente a experiência de compra, apesar de fazer parte do dia a dia das empresas há algumas décadas, ainda é tratada como algo subjetivo.

Seja na loja física ou no digital, ainda se pensa muito no design, no ambiente ou nas estratégias de usabilidade, por exemplo. É comum ouvirmos que "a loja X oferece uma excelente experiência de compra", que "os supermercados estão cada vez mais preocupados com a experiência de compra" ou que "tal varejista aumentou seu faturamento por investir na experiência de compra".

A partir daí, vemos alguns equívocos. Por exemplo: na loja física, é comum associar a experiência de compra com o marketing sensorial e o marketing de experiência. Na verdade, estamos falando de ferramentas que podem ser empregadas para prover uma boa experiência de compra.

A proposta é válida, uma vez que se baseia na premissa de que todos os sentidos do ser humano podem ser usados para transmitir uma mensagem. Assim, entram em cena a música, o odor e a degustação para dizer o que queremos aos nossos consumidores.

No entanto, trabalhar somente o aspecto sensorial no ponto de venda não garante uma boa experiência de compra. Há casos de lojas em que a música é perfeita, o aroma é exclusivo, os monitores de LCD exibem imagens lindas, mas há inúmeras rupturas no estoque, não há vagas nem sinalização no estacionamento e os atendentes não estão devidamente treinados – o que resulta em uma experiência de compra nada boa, mesmo numa operação cheia de atributos sensoriais.

Outro erro comum é associar a ideia de experiência de compra com a experiência da marca como um todo. Este é um conceito mais amplo: a marca é o jeito de ser e agir de uma empresa e, assim, também é fundamental para o varejo. Por isso, as ações realizadas no ponto de venda contribuem fortemente para que o consumidor crie uma percepção da marca como um todo.

Mas é importante entender que a experiência de compra, em um ponto de venda que vem assumindo cada vez mais funções, é apenas um dos componentes do *brand equity*, assim como a comunicação institucional, a publicidade, os valores da marca e outros fatores.

No dia a dia, outro aspecto precisa ser analisado: o fato da experiência de compra poder ser boa ou ruim. Quando falamos em experiência, costumamos focar o lado positivo, mas infelizmente o consumidor também pode ter uma péssima experiência de compra.

Muitas vezes, ouvimos varejistas dizendo: "quero oferecer experiência de compra na minha loja". O que nem sempre fica claro é que, se há pessoas na loja, elas têm uma experiência de compra. A questão é refletir sobre o tipo de experiência que os consumidores recebem na loja. Ser mal atendido, não encontrar o produto desejado ou ter seu carro furtado no estacionamento são exemplos de péssimas experiências de compra.

Diante desse cenário, vale relembrar que a experiência de compra é o **conjunto das percepções que o consumidor constrói ao interagir com uma operação varejista durante a sua jornada de compra**.

O contato com todos os elementos da operação – não apenas aqueles ligados diretamente ao marketing – compõe uma imagem que o consumidor tem em relação ao varejista. Analogamente, é como se estabelecêssemos o conceito de *brand equity* apenas para o ponto de venda. É a equação de valor da loja.

Agora que temos um conceito alinhado sobre o que é experiência de compra, vêm as perguntas essenciais: como podemos usar isso a nosso favor no varejo? Quais elementos podemos trabalhar para prover uma boa experiência de compra? Quais os objetivos de ofertar uma boa experiência de compra?

Objetivos

Antes de detalhar os elementos que compõem a experiência de compra, vale comentar por que investir tempo e dinheiro nela.

A experiência de compra deve ser meio, e não fim. Uma loja não vive de prover experiências positivas, mas de vender seus produtos e serviços. A experiência, porém, tem uma forte influência sobre a decisão de compra dos clientes.

Criar um momento de compra singular, que supere as expectativas de compra do seu consumidor, simplesmente fará com que ele:

- compre mais;
- volte mais vezes à sua loja;
- indique sua loja à sua rede de relacionamentos.

Os consumidores têm cada vez menos tempo e mais informação disponível. Essa combinação faz com que eles sejam também cada vez mais seletivos com o local no qual irão gastar seu dinheiro. E hoje cada consumidor busca alguém que valorize seu tempo e torne o ato da compra o mais prazeroso e eficiente possível.

Prazeroso porque, como contamos, os critérios emocionais participam do processo de decisão de compra. Muitas vezes precisamos optar entre ter um momento de lazer ou fazer compras necessárias (juntar as duas coisas não seria genial?). E eficiente porque os recursos (tempo e dinheiro) são limitados e temos que alocá-los da melhor maneira que conseguirmos.

Elementos da experiência de compra

Toda a interface do consumidor com a operação varejista forma a sua percepção sobre a loja. Cada interação é uma oportunidade de criar uma imagem (seja ela boa ou ruim), e a resultante dessas inúmeras interações vai definir como foi a experiência de compra.

Na busca de oferecer a melhor experiência possível, cabe ao varejista identificar o que elevará a satisfação do seu consumidor e, a partir desse ponto, gerenciar os elementos para que a interação ocorra e seja percebida como positiva.

Eis alguns elementos que, quando bem gerenciados, contribuem para uma excelente experiência de compra:

VARIÁVEIS DE EXPERIÊNCIA DE COMPRA

MARKETING SENSORIAL	ESTRUTURA E CONFORTO	COMUNICAÇÃO	LAYOUT	OPERAÇÃO	ARQUITETURA
» Cores	» Largura dos corredores	» Sinalização	» Planograma	» Vendedores	» Interatividade
» Som	» Temperatura	» Setorização	» Disposição do mobiliário	» Disponibilidade	» Uso da marca
» Iluminação	» Espaço da loja	» Precificadores	» Flexibilidade do layout	» Acesso ao estoque	» Acabamentos
» Tato	» *Self-checkout*	» Expositores	» Áreas de destaque	» Manutenção	» Projeto
» Paladar	» Restaurante	» Comunicação visual	» Volume exposto	» Limpeza	» Fachada
» Odores	» Mix de produtos	» *Visual merchandising*		» Serviços	
	» *Showrooming*			» BOPIS	

Todos esses elementos se somam para impressionar o consumidor no momento da compra. No competitivo cenário do varejo atual, ofertar uma experiência positiva para o consumidor é uma questão de sobrevivência. E não basta causar uma sensação positiva: é importante gerar o chamado efeito "uau!", surpreendendo o cliente para que ele saia da loja encantado e pronto para contar como foi sua experiência ao encontrar os amigos ou trocar mensagens via WhatsApp ou redes sociais.

É essa experiência que fará o cliente retornar assim que precisar ou puder, sem considerar a possibilidade de ir a seus concorrentes. Atingir o "uau!" do consumidor é o estado da arte da experiência de compra – e por isso mesmo não é uma tarefa simples. Demanda criatividade, processos muito bem definidos, posicionamento explícito e muita disciplina de execução.

Omnichannel: para que serve a loja física?

Considerando que o ambiente atual é de integração entre o físico e o digital, a loja do futuro tem um enorme desafio: **ela precisa ser mais transacional e mais digital** para facilitar tanto a escolha do produto quanto a experiência que o consumidor viverá naquele espaço.

Nesse novo ambiente físico e digitalizado, tornar o processo de compra mais prazeroso significa investir mais na fluidez das transações e reduzir as dificuldades ("atritos") que incomodam o consumidor.

Um exemplo simples: boa parte do público não tem a menor paciência para enfrentar filas na hora do pagamento. Por isso, os terminais de *self-checkout* (autoatendimento) estão cada vez mais presentes no varejo. De supermercados a lojas de brinquedos, passando por lojas de materiais de construção e vestuário, é cada vez mais comum dar autonomia para que o cliente pague sozinho.

Em 2021, uma grande rede brasileira de restaurantes em estradas implementou em uma única unidade, sem nenhuma divulgação, um terminal de *self-checkout*. Um projeto-piloto para entender se seus clientes utilizariam esse tipo de solução. Em uma semana, 30% do fluxo daquela loja passava pelo autoatendimento.

Outra forma de oferecer autoatendimento é permitir que o pagamento seja feito em um aplicativo via celular. Das cafeterias ao posto de combustível perto de sua casa, esse é outro caminho que vem ganhando força rapidamente no varejo brasileiro. O princípio é o mesmo: dar autonomia para que o cliente pague quando for melhor para ele, sem enfrentar filas nem perder tempo.

Mas é possível ir além. Tendo em vista a importância da integração das operações, vale refletir também sobre as novas funções que podem ser assumidas pelas lojas físicas.

Dependendo da localização, a loja pode funcionar como um *hub* logístico para envio de pedidos (*ship from store*), retirada de mercadorias ("clique e retire") ou devoluções. E, nesse caso, os modelos de negócio que podem ser adotados são diferentes. Ela pode, por exemplo, ser uma *dark store* (fechada para os clientes) ou uma loja com uma área reservada para essas iniciativas (*side store*).

A loja do futuro

Ao analisar as tendências para o varejo, é importante levar em conta o perfil do público que frequentará as lojas do futuro. Por isso, as empresas não podem mais ignorar as demandas das gerações Z e alpha, que já começaram a ditar os rumos dessa história.

Um bom ponto de partida para pensar o que será a loja do futuro e como serão as experiências nessas lojas é considerar os elementos que precisam ser trabalhados para encantar um público que, pelas suas características, é mais avesso aos apelos tradicionais das marcas.

É preciso ter em mente, por exemplo, que, para atrair e manter a atenção desses novos consumidores, temos que valorizar a conexão via smartphone. Já falamos sobre a importância do *mobile first*, e, nesse caso, trata-se mesmo de questão de sobrevivência para as empresas – e não apenas de uma estratégia de crescimento.

Mais do que suas antecessoras, a geração Z quer viver experiências digitalizadas em tempo real. Quer comprar, resolver problemas, interagir, enfim, fazer tudo a partir do seu aparelho celular.

Por terem nascido e crescido em um ambiente digital, esses grupos não têm paciência. Portanto, agilidade é outro fator-chave para que eles não procurem a concorrência.

Como consequência disso, em um varejo imediatista, proximidade e entrega são enormes diferenciais competitivos. Essa necessidade tem estimulado a criação de lojas expressas, de menor porte, que possam facilitar o acesso do cliente. Essa é uma grande oportunidade tanto para o comércio local, como as pequenas lojas de grandes marcas, quanto para as opções de *dark stores* e mesmo as chamadas lojas móveis.

A ideia aqui é que a marca deve ir aonde o cliente está, oferecendo o formato mais adequado para a sua necessidade naquele momento.

Um exemplo é a marca Picnic, que, a partir da análise dos dados de consumo, realiza circuitos de 40 minutos pelos bairros com produtos de feira e mercado que a região costuma comprar. Assim, quando recebe um pedido, a marca consegue entregá-lo ao cliente em poucos minutos.

O desejo que os consumidores demonstram de serem atendidos de forma única também abre espaço para diversos modelos de negócio que, em um mundo massificado, não encontrariam espaço.

Algumas oportunidades que farão parte do mix das marcas são: o *social commerce* (a venda pelas redes sociais a partir de ofertas personalizadas), o *live commerce* (*lives* nas redes sociais para apresentação de produtos), o aluguel de roupas, a venda de produtos reutilizáveis, as lojas autônomas, as compras por meio de assistentes de voz e até mesmo a venda no metaverso.

E não será necessariamente uma questão de adotar tudo: o mais importante é oferecer aquilo que faz sentido para o consumidor, para o cliente que se relaciona com a sua marca, com quem você tem contato, conhece e cujos dados pode utilizar para entregar uma equação de valor que faça muito sentido para ele.

Para que isso possa acontecer, leve à potência máxima a recomendação de usar a tecnologia de ponta para agilizar a navegação pela loja. A proposta é radical: **a loja física deve ser tão transacional quanto o e-commerce, ao mesmo tempo que o e-commerce oferece a experiência da loja física.**

Isso implica fazer com que os ambientes da loja sejam cada vez mais interativos. Por exemplo, ao passear por um corredor da loja, o cliente deve encontrar por ali todo o conteúdo disponível sobre o uso dos produtos ofertados, para que possa tomar a melhor decisão.

Muitas empresas têm investido bastante nisso, mas ainda tratam as operações de forma distinta, sem explorar de maneira adequada a riqueza dessa produção em seus ambientes físicos.

Vale lembrar que estamos falando de atender consumidores que, muitas vezes, se sentem mais à vontade no universo digital. Por isso, não faz sentido que eles não encontrem no espaço físico os elementos que mais os agradam.

Muito provavelmente, esses clientes conheceram sua marca no mundo digital (em redes sociais, em mecanismos de busca, a partir de sugestões de influencers ou de amigos) e construíram a percepção que têm de você a partir daquelas referências. Então, ao visitar a loja, eles esperam parte daquela mesma experiência digital no ponto de venda.

Na Zara Store Mode, por exemplo, a loja funciona como uma extensão do smartphone. O aplicativo faz o link entre o estoque do *mobile commerce* da Zara e o estoque real de uma loja mais próxima do cliente, permitindo que ele compre e retire em menos de 30 minutos.

Sustentabilidade

Ainda pensando nas estratégias de encantamento do público, não é possível mais ignorar as cobranças vinculadas à sustentabilidade. As novas gerações têm se mostrado mais engajadas que as anteriores em causas sociais e ambientais.

Isso acontece porque essas pessoas já nasceram em um ambiente no qual as pautas ambientais e sociais extrapolaram as "bolhas ideológicas" e se mostram importantes para uma parcela muito mais ampla da sociedade.

É inegável que estamos vivendo uma aceleração de comportamentos social e ambientalmente responsáveis. O estudo EY Future Consumer Index, que analisou o comportamento dos consumidores desde o início da pandemia, mostra que 70% declararam que prestarão mais atenção aos impactos ambientais e sociais dos produtos que adquirirem. Além disso, 66% afirmam que estarão mais atentos às necessidades da comunidade em que vivem (Menezes; Amaral, 2022).

Uma das conclusões do estudo é que a pandemia da covid-19 serviu como alerta para um posicionamento mais coletivo, que exige atenção com os impactos do consumo sobre toda a sociedade. É nítido que o consumo consciente vem ganhando força e se transformando em um vetor importante de comportamento dos consumidores.

Para serem reconhecidas como marcas que apoiam causas, algumas ações são prioritárias:

- Redução do impacto ambiental.
- Responsabilidade na cadeia de valor.
- Promoção de campanhas de doação.
- Desenvolvimento de ambientes sem discriminação de raça e gênero.
- Garantia de direitos de homens e de mulheres nas comunidades locais de atuação.
- Programas de diversidade e comitês de inclusão.
- Incentivo à realização de trabalhos voluntários pelos funcionários.

Muitas marcas têm procurado reforçar esses elementos na sua comunicação, mas a oportunidade é bem maior. As lojas podem se tornar *hubs* para as comunidades, funcionando como centros de debate, informação, desenvolvimento de ações e conscientização da população sobre temas importantes.

Esse tipo de posicionamento, além de colocar a loja como uma parceira da comunidade e reforçar os laços locais, comunica de forma poderosa o propósito e os valores da marca. Sem dúvidas, a loja que realiza esse tipo de ação precisa estar engajada de fato nessas causas, sob pena de ser considerada inautêntica – e sumariamente excluída do relacionamento com os clientes.

As lojas devem se preparar para receber esses clientes mais engajados e, claro, aproveitar aquele contato para enfatizar os seus diferenciais nessa frente.

A maior prova de que esse é um caminho irreversível é o movimento feito por grandes marcas. Para atender às demandas das novas gerações, Victoria's Secret, por exemplo, abandonou de vez o conceito das *angels* em 2021. A proposta agora é valorizar a diversidade de modelos, dando espaço para gestantes, mulheres mais velhas, com corpos diferentes e de diversas etnias. A mudança não está restrita à comunicação: ela chegou às lojas, que têm procurado materializar esse posicionamento.

Outro ponto importante: essas mudanças estão sendo lideradas pelos mais jovens, mas, definitivamente, influenciam os demais grupos. Dificilmente as empresas poderão ignorar a necessidade de se adequar a esses padrões de comportamento.

O principal, então, é entender qual caminho a marca deve seguir para que o seu engajamento seja autêntico.

OS 10 PAPÉIS DA NOVA LOJA

1. Relacionar além de vender
2. Experiência da marca
3. Oferta de venda de serviços
4. Ponto de despacho para cliente
5. Ponto de retirada de produtos
6. Central de devoluções
7. Local de educação dos clientes
8. Coleta de dados e informações
9. Mais conveniente
10. Mais transacional

PARA REFLEXÃO

Sua loja ainda é um lugar para realização de transações ou já evoluiu para oferecer experiências completas?

Sua loja oferece personalização no relacionamento e na experiência com os clientes?

Os clientes são digitais. E sua loja, ainda é analógica?

Entrevista: Anelise Campoi

CEO Acampoi Arquitetura

Como as mudanças recentes no comportamento do consumidor têm impactado as lojas?

Temos acompanhado mudanças constantes no comportamento do consumidor. Novas gerações vêm e, com elas, mudanças. Temos que estar atentos a elas, e as lojas devem acompanhar o que o consumidor busca, pois ele se tornou o centro. Assim, as lojas que se adaptam a esses novos comportamentos crescem. Tivemos algumas mudanças que foram aceleradas com a pandemia do coronavírus, que foi a necessidade das lojas se tornarem omnichannel, ou seja, atenderem o consumidor de diversas maneiras e integrarem esses canais, trazendo a comodidade e conveniência de comprar on-line e retirar em loja, ou de ir à loja e comprar no espaço físico. O consumidor, quando vai ao espaço físico, hoje espera uma experiência mais ampla, com espaços que vão além do transacional do produto.

Um exemplo recente foram as lojas da Track&Field, que em 2022 fez um novo modelo de loja, o qual agregou mais experiência ao cliente e já possibilitou colher resultados com um aumento de 70% em comparação com o mesmo trimestre do ano anterior, com o modelo antigo da loja.

Batizada de Experience Store, a primeira unidade nesse estilo foi aberta em São Paulo, no Shopping Iguatemi, com 230 m². Ela foi criada para conectar os clientes a experiências de bem-estar e vida saudável. A Track&Field explorou soluções omnichannel, com integração entre o mundo on-line e off-line, buscando fortalecer o vínculo com o público-alvo da marca. A loja oferece QR codes que amplificam a linha de produtos e apresentam conteúdos em categorias como yoga, running, training e beach tennis. A tecnologia oferece ainda acesso a playlists, dicas com opções de aulas e treinos, além dos eventos oferecidos pela plataforma TFSports, que conta com mais de 227 mil usuários cadastrados e 40 modalidades esportivas.

Os clientes da unidade também têm à disposição uma espécie de equipe de concierge inspirada nos serviços de hotelaria. A ideia é que esses especialistas em estilo de vida facilitem a escolha dos produtos, agilizem o recebimento das compras e o envio de presentes – além de fazer a inscrição em eventos esportivos e sugerir profissionais ligados a bem-estar. É a loja física integrada em um ecossistema unindo produtos e serviços.

A Experience Store abriga também o TFCoffee, primeiro mini-market e café da marca, que oferece um espaço de convivência, além de cardápio com produtos saudáveis. Esse movimento acontece em um momento que as roupas confortáveis ganharam espaço no guarda-roupa de todos os tipos de consumidores.

A americana Nike, por exemplo, teve o melhor resultado trimestral de seus cinquenta anos de história em julho, por conta dessa tendência. As ações da companhia estão sendo negociadas a patamares recordes, e o valor de mercado está na casa dos 260 bilhões de dólares.

Estar antenado aos novos comportamentos do consumidor e adaptar as lojas para esses novos comportamentos traz mais resultados e vida longa às marcas.

Faz sentido pensar em loja do futuro? O que é indispensável num bom projeto de varejo, considerando o cenário atual?
A loja do futuro está sempre em construção. As mudanças de comportamento do consumidor são constantes, por isso a loja deve sempre se adaptar, como um laboratório, onde testamos, avaliamos e evoluímos com os resultados.

O que é indispensável em um bom projeto de varejo no cenário atual é pensar primeiramente na jornada do consumidor, desde a entrada, que muitas vezes se inicia pelos canais digitais, redes sociais, e que tem essa conexão e interação entre espaço físico e digital. Assim, o consumidor cria a identificação com a marca. A flexibilidade é um ponto muito importante para o consumidor, pois ele escolhe como quer comprar. Quando esses canais são combinados, o resultado aumenta tanto no digital quanto no físico.

No espaço físico, é importante o estudo de fluxos, pontos de destaque, pontos de interação, sortimento de produtos. E, como apresentamos ele ao consumidor, trabalhar os cinco sentidos (visão, tato, olfato, audição e paladar) cria atmosferas. Criando atmosferas, a experiência passa a ser mais profunda com a marca.

No planejamento de um projeto de varejo, fazemos o projeto com estratégia trazendo estudos de jornada, aplicação de design sensorial com utilização dos cinco sentidos, flexibilidade de layout que possibilite adaptar a loja conforme o sortimento, espaços para lançamento de produtos, espaços de eventos na loja e espaços para retirada. Todos esses elementos são pensados para trazer uma melhor experiência ao espaço físico e maior conexão com a marca.

Muitas vezes, não lembramos especificamente o que compramos em determinada loja, mas lembramos como nos sentimos naquele espaço. Projetar espaços que criam memórias positivas é essencial para o varejo.

Para você, quais são os principais papéis da loja física no neovarejo?
O principal papel da loja física é ser um ponto marcante de contato da marca com o consumidor. Mesmo com todo o desenvolvimento tecnológico e a praticidade da internet, é impossível reproduzir em um site todos os detalhes e sensações que caracterizam a experiência de compra em uma loja física.

Na batalha pela atenção do cliente, serão vencedoras as lojas que conseguirem criar uma experiência diferenciada. O varejo físico não é mais apenas a venda de mercadorias, mas também a construção de valor da marca.

As lojas físicas se configuram como um ponto de encontro do real com o virtual. Nas lojas, até mesmo quem prefere comprar pela internet pode conhecer, tocar, experimentar e interagir com os produtos. A loja deve ser flexível e também funcionar como um centro de logística, onde o consumidor pode retirar as compras realizadas de maneira on-line ou, ao contrário, conhecer pessoalmente um produto que pretenda adquirir a partir de alguns cliques.

Ganham destaque os estabelecimentos que contam com um time de vendedores diferenciados, os especialistas. Profissionais capacitados, exímios conhecedores dos produtos e da marca que representam, capazes de estabelecer relacionamentos duradouros com os clientes e orientá-los de forma personalizada.

Consumidores fiéis de determinada marca compram ideias e mensagens que ela representa, e os seus produtos e espaços físicos de venda precisam refletir isso.

CAPÍTULO 5 Marketing

Com tantas transformações no comportamento dos clientes, na forma de vender e na própria configuração das lojas, o marketing assume diferentes funções no neovarejo. Como se destacar na multidão digital?

Neste novo ambiente, prevalecem as premissas que sempre orientaram a atividade, como a necessidade de criar valor para as marcas, gerar percepções positivas sobre elas, motivar a experimentação/conhecimento e aumentar a fidelidade dos consumidores.

Contudo, o marketing no neovarejo deve considerar que o sucesso das estratégias depende de ações para **canais diversos e clientes diversos**.

Assim, o principal desafio é **captar**, **converter** e **reter**, em canais diferentes, um público cada vez mais diversificado e diverso. O termo contempla perfis distintos sob a perspectiva sociodemográfica e psicográfica, mas também o fato de que lidamos hoje com gerações que convivem com as diferenças de forma bem particular.

Abordamos esse tema no capítulo sobre o consumidor, mas é importante enfatizar: por uma série de razões, a questão da diversidade não pode mais ser tratada como um assunto acessório, que tem aquela equipe bacana para pensar em novos projetos.

Se o objetivo do marketing é gerar valor para a marca, seja por meio dos 4Ps de Kotler (produto, preço, praça e publicidade) ou de todos os outros elementos que compõem essa equação na atualidade, adequar as estratégias para esse ambiente mais diversificado (em todos os sentidos) é uma questão de sobrevivência.

Vamos detalhar melhor todas essas mudanças ao longo deste capítulo, mas vale o spoiler: não basta mais dizer o que a marca tem de bom. O público precisa experimentar isso e sentir-se satisfeito a ponto de compartilhar sua experiência e propagar essa imagem positiva.

Outro aspecto que mudou bastante é a necessidade da marca ser mais bem posicionada em relação ao ESG (aspectos ambientais, sociais e de governança).

Os 3Ps do neovarejo

Considerando as exigências que têm se apresentado para o varejo, entendemos que a performance das operações depende de outras três questões, que chamamos de 3Ps do neovarejo: **personalização**, **proximidade** e **privacidade**.

Os 3Ps são essenciais porque, para o neovarejo, a divisão entre físico e digital não interessa de forma alguma. Temos que reconhecer que a experiência do cliente com a marca envolve diversos aspectos, e não apenas o que ocorre no momento da compra.

Isso significa que, na prática, os resultados da operação serão impactados pelo que ocorre desde a abordagem do cliente, na pré-venda, até o tratamento que ele recebe no pós-venda – uma vez que, em um ciclo constante de relacionamento, o pós-venda representa o início da próxima venda.

É nesse sentido que precisamos de estratégias que valorizem esses elementos.

Personalização

Personalização, ou pessoalidade, é um conceito presente em qualquer operação no ambiente digital. Portanto, é um dos pilares da operação omnichannel. Desde o início das atividades nessa área, existe a premissa de que o atendimento no ambiente digital deixa de ser massivo para assumir um **caráter *on demand***.

Tecnologia tem tudo a ver com essa história, uma vez que as plataformas digitais viabilizam uma comunicação direta com milhares ou milhões de clientes. Uma das vantagens é que as empresas não precisam fazer isso de forma manual, pois podem recorrer à automatização das tarefas.

É isso que está por trás da evolução dos recursos de BI, responsáveis por assegurar que as lojas consigam desenvolver uma gestão de vendas mais eficiente. E isso não vai acontecer apenas nas vendas pelo site, mas em todos os canais da operação.

Outro ponto importante, quando refletimos sobre a personalização, é lembrar que ela não fica restrita à comunicação. Esse atributo está cada vez mais presente no desenvolvimento de produtos e serviços – a internet facilita a interação com o público e, assim, faz sentido que ele possa customizar seus itens.

Ao elaborar as estratégias, considere que, quanto mais personalizado o atendimento, melhor para o cliente, justamente pela possibilidade de ter algo realmente adequado à sua necessidade.

Proximidade

A venda omnichannel exige que as empresas tenham mais atenção com a relação mantida com o seu público. Para começar, se já sabemos que o consumidor chega à loja física mais bem informado sobre as características dos produtos e dos serviços, é importante ter cuidado com a abordagem que será feita.

Hoje, o varejo tem recursos para captar informações com mais eficiência no ambiente digital, e usar esses dados para gerar *insights* e melhorar o relacionamento com o cliente tanto no digital quanto na loja física. Assim, não faz sentido que os dados deixem de ser usados para desenvolver uma comunicação mais assertiva com o consumidor.

Essa condição precisa ser considerada, independentemente do canal de contato do consumidor. Por isso, quando se atua com foco na omnicanalidade, não se deve apenas atender o cliente em diferentes canais, mas **trabalhar de forma integrada** e buscar melhores soluções para cada um, de forma personalizada.

Nesse sentido, a valorização da proximidade tem a ver com a necessidade de entender, de forma mais aprofundada, as "dores" do cliente, e agir a partir delas na oferta de soluções.

De quem é a responsabilidade de orientar esse processo? Do marketing, claro. Se no passado a pesquisa era considerada fundamental para a atividade de vendas, hoje podemos dizer que criar canais de interação tornou-se essencial. No dia a dia, o marketing poderá lidar também com dados reais sobre o comportamento do seu público, captados diretamente de suas plataformas digitais.

O apoio das ferramentas de BI torna-se mais do que necessário nessa história, uma vez que a tomada de decisões em um ambiente mais complexo não pode mais se basear apenas na intuição.

O neovarejo deverá se valer cada vez mais do chamado **marketing preditivo**, que emprega **big data** para prever comportamentos futuros com mais precisão. Falaremos sobre o uso de dados em um capítulo mais adiante neste livro.

Nos últimos anos, vimos muitas experiências nesse sentido, a partir das iniciativas de grandes *players* que utilizam dados, técnicas de *machine learning* e algoritmos para se antecipar às necessidades do seu público.

Considerando que, nos próximos anos, a maioria das empresas terá como foco gerações de consumidores que fazem praticamente tudo no ambiente digital, é fácil compreender a crescente necessidade de investir na proximidade por meio do uso de dados.

Privacidade

Se os pilares do negócio são estabelecidos a partir das necessidades personalizadas dos clientes, é imprescindível que as marcas consigam utilizar bem as informações que possuem.

Cada vez mais é preciso construir relacionamentos para criar vínculos com os consumidores. A privacidade torna-se um pilar essencial para estabelecer confiança: não se trata somente de guardar dados de forma segura, e sim coletar e utilizar essas informações de maneira não invasiva.

Boas estratégias em termos de privacidade passam pela adoção de medidas de segurança adequadas para o ambiente digital, mas vão além delas. É necessário estabelecer uma relação de transparência máxima com o público, comunicando a forma como os dados serão empregados e com quais objetivos.

O que isso tem a ver com o marketing? Tudo! O cuidado com a privacidade influencia a credibilidade da marca, que é um dos atributos prioritários para quem almeja vida longa para o negócio. Falhas nesse campo não prejudicam apenas as vendas imediatas: lembre-se de que clientes mal atendidos tendem a compartilhar essa experiência com outras pessoas, o que impacta os resultados de longo prazo do negócio.

Para que não haja problemas na política de privacidade, o recomendado é que todos os seus pontos sejam devidamente detalhados para os clientes, de forma explícita, de modo que o público possa entender facilmente todas as informações.

ATENÇÃO

> Pesquisas nessa área mostram que os clientes estão dispostos a compartilhar suas informações com as lojas, desde que a "troca" seja justa e coerente.

Ao perceber que foi estabelecida uma relação de confiança, que pode ocorrer nos diferentes ambientes de compra (loja física, e-commerce, WhatsApp, etc.), o consumidor fica mais à vontade para comprar e recomendar sua loja. Isso ajuda a marca a fugir da guerra de preços e a diminuir o CAC, o que tem um reflexo direto na performance do marketing.

A percepção de uma boa experiência do cliente é resultado da aplicação dos 3Ps e reduz a pressão sobre o CAC, pois é capaz de gerar um cliente recorrente que pode, na melhor das hipóteses, se tornar um influenciador, e que passará a indicar seu produto ou serviço.

Estamos convencidos de que os 3Ps, se bem aplicados, impactam diretamente a atuação do marketing, uma vez que eles:

- aumentam o engajamento do cliente em relação à marca;
- reforçam a base de compras recorrentes, o que ajuda bastante no dia a dia das lojas;
- facilitam o processo de fidelização, o que é importante se considerarmos que o custo para atrair um novo cliente é bem mais alto do que aquele necessário para a retenção.

OS 3PS DO NOVO VAREJO

PERSONALIZAÇÃO
É importante tratar o consumidor de forma personalizada.

PROXIMIDADE
Estar próximo do consumidor é fundamental para entender as mudanças e aumentar os momentos de compra.

PRIVACIDADE
A relação de confiança é a base para fugir da guerra de preços.

Momentos diversos

Entendidas quais devem ser as prioridades do marketing no neovarejo, é importante considerar a necessidade de rever as estratégias, levando em conta que a jornada de compra dos consumidores agora é não linear.

O que isso significa na prática? Primeiro, houve uma multiplicação dos pontos de contato e das conversas entre consumidores e marcas. Sob o ponto de vista do consumidor, como ele passa a maior parte do seu tempo conectado, é compreensível que haja mudanças em suas relações de consumo.

Hoje o cliente não precisa mais recorrer à empresa para obter informações sobre determinado produto ou serviço. Afinal, além das campanhas publicitárias ou mesmo dos canais proprietários das marcas, existem inúmeras maneiras de conseguir mais informações: redes sociais, WhatsApp, *reviews*, páginas de análise de produtos no Google, sites de reclamações...

E o consumidor conectado, de qualquer idade, aprendeu esse caminho. Ele procura *reviews*, olha como está a imagem da marca em sites específicos para isso e, naturalmente, também busca opiniões de outros clientes em canais não controlados pela empresa.

O que importa para o consumidor é ter sua demanda atendida por meio da melhor experiência possível, independentemente do canal. Os mapeamentos sobre o comportamento do consumidor têm evidenciado que hoje o cliente toma decisões em diferentes estágios da jornada, segundo sua conveniência – daí a importância de desenvolver canais diversos. Se o consumidor está conectado o tempo inteiro, as empresas devem conferir a mesma importância a todas as etapas da compra.

Detalhe: na jornada de compra multicanal, não é mais a empresa que conduz a persona. **O cliente está no centro do processo** e toma sua decisão com base na experiência que tem em diferentes momentos.

Num estudo recente sobre o assunto (Ramos; Milagres; Machado, 2021), o Google usou o termo "cliente zigue-zague". A expressão indica bem o que acontece hoje: o consumidor avança e retrocede na sua jornada. Isso não quer dizer que as etapas do funil de marketing devem ser descartadas; o desafio é saber lidar com elas ao mesmo tempo que se consideram outras etapas igualmente importantes: **adoção**, **retenção**, **expansão** e **defesa**.

Superar esse desafio exige valorizar mais as intenções dos clientes e, a partir daí, implementar diferentes jornadas, contemplando todos os canais possíveis.

Estratégias de *cross-sell* e *up-sell* funcionam bem, mas é importante que o varejo pense além da venda. Ou seja, o objetivo não deve ser apenas atender o cliente, mas se relacionar com ele para superar suas expectativas e transformá-lo num defensor da marca.

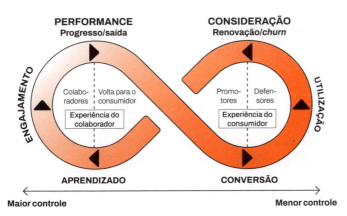

Voltamos ao ponto inicial: a forma mais eficiente de fazer isso é conhecendo o cliente e tentando entender o que é relevante para ele naquele momento específico. No omnichannel, muitas empresas falham ao idealizar que os canais serão usados por públicos diferentes. Os estudos têm mostrado que isso não é verdade: o mesmo cliente vai transitar pelas várias plataformas.

A boa notícia é que as marcas também têm mais possibilidade de conquistar o consumidor, principalmente se conseguirem cobrir todos os pontos de contato possíveis.

A partir desses aprendizados é que vamos conseguir trabalhar cada uma das etapas.

Captação

A mudança de comportamento do consumidor impacta diretamente a forma de abordá-lo e, como consequência, de captá-lo. O principal em relação à captação é a necessidade de adotar novos canais, considerando a consolidação da jornada híbrida. Isso demanda a adaptação das estratégias de captação de clientes e cria a urgência de aumentar a cobertura.

Nesse ambiente, o poder de influência é um fator poderoso. Cada vez mais as decisões de compra são compartilhadas. Dificilmente alguém compra um produto ou adquire um serviço, em especial um de maior valor agregado, sem antes solicitar uma recomendação.

É por isso que estamos agora na "era da verdade". Os consumidores são tolerantes a falhas, desde que sintam honestidade do outro lado. A vantagem para as empresas é que elas aumentam de maneira considerável as estratégias que podem ser empregadas para facilitar a captação de clientes:

- **Marketing de conteúdo:** a produção de conteúdos específicos contribui para atrair o público com algo que seja útil para ele. Isso se reverte de forma positiva na percepção do cliente sobre a marca.
- **Redes sociais:** a mídia social é o ambiente onde o consumidor divide suas vontades, experiências, opiniões, busca informações e cada vez mais efetua a compra.
- **Eventos na loja física:** o uso do espaço físico da loja para a realização de eventos aumenta o engajamento dos clientes, cria oportunidades adicionais de apresentação de produtos e envolve o consumidor no ambiente e na experiência da marca.
- **Parceria com outras marcas:** desenvolver parceria com marcas que tenham um posicionamento complementar ao seu contribui para oferecer soluções completas para os consumidores e aumenta a conveniência da compra.

Conversão

Prepare os ambientes físicos e digitais para converter visitantes em clientes. É preciso possibilitar que a experiência seja a melhor possível, independentemente do canal, e garantir que o foco seja o público-alvo.

A oferta de serviços e o suporte/atendimento ao cliente podem ser fundamentais na decisão de compra. Um ponto de atenção é não cair na armadilha de usar apenas o preço como gatilho, pois esse foco atrapalha o processo de fidelização, uma vez que reforça um aspecto puramente racional e reduz a importância de características emocionais.

COMO ANDA A EXPERIÊNCIA DE COMPRA NA MINHA LOJA? O QUE TENHO FEITO PARA MELHORÁ-LA?

Fidelização

Para o varejo, nada é mais valioso do que um cliente fiel. Nesse caso, o CAC passa a ser diluído, abrindo mais espaço para trabalhar melhor as vantagens que podem ser ofertadas. Estudos mostram que os clientes leais são:

- **Cinco vezes mais propensos a recomprar:** há um aumento de receita média por cliente e melhor aproveitamento do investimento na aquisição.
- **Cinco vezes mais propensos a perdoar uma eventual falha:** o relacionamento se torna mais próximo e, com isso, a marca tem menos chances de perder o cliente para um concorrente.
- **Sete vezes mais propensos a testar uma nova oferta:** com a possibilidade de realizar testes reais de novas ofertas com clientes reais, a empresa ganha performance no desenvolvimento de produtos ou serviços.
- **Quatro vezes mais propensos a recomendar:** propaganda gratuita com um nano influenciador, com resultados potencializados em razão do uso da prova social.

A necessidade de trabalhar melhor a retenção dos clientes tem levado as empresas a investir cada vez mais nos programas de fidelidade. O desafio é deixar de lado estratégias que até podem ter dado certo no passado, mas que são baseadas em falsas promessas e que beneficiam mais a empresa do que o cliente.

O desenvolvimento de um programa de fidelidade deve ser feito com base na análise do retorno financeiro. Muitas empresas, porém, miram demais o curto prazo e deixam de colocar na conta tudo que o negócio vai ganhar ao reduzir seu CAC. Com isso, oferecem vantagens pouco atrativas e, consequentemente, não obtêm o engajamento necessário. Brindes e cupons de desconto são importantes, desde que relevantes para o cliente, mas é possível fazer ofertas até mais atrativas.

O estudo do investimento deve ser feito com base em análises minuciosas. Que retorno a marca vai obter ao aumentar a frequência de compra daquele grupo? Quanto ela deixaria de gastar para atrair novos clientes?

Pelas experiências adotadas pelo mercado, como ponto de partida a loja pode pensar em recompensas que variam entre 5% e 10% do valor da mercadoria. Claro que o mais importante é considerar a margem de lucro ao longo de determinado período, uma vez que clientes fidelizados se tornam recorrentes e têm um valor maior durante o ciclo de vida.

Programas de fidelidade

Estabeleça regras claras: quanto mais simples for a mecânica do programa, melhor para o cliente. Principalmente no caso do consumidor do segmento B2C, estratégias complexas influenciam negativamente o nível de engajamento.

Informações precisas sobre o funcionamento do programa, bem como uma divulgação eficiente, são essenciais para o sucesso dessas ações. O cliente deve conseguir saber, a qualquer momento, quantos pontos ganhou, quanto falta para atingir determinado benefício, quais vantagens obtém ao participar do programa e quaisquer outras informações que ele queira saber.

Até em razão das possibilidades do digital, hoje as empresas dispõem de muitas alternativas para desenvolver programas de fidelidade, das mais simples às mais sofisticadas.

A escolha do tipo mais adequado de programa passa a depender, então, dos objetivos que se almejam e do tipo de público com o qual a marca se relaciona. Alguns dos principais modelos de programa de fidelidade são apresentados a seguir.

Assinatura

É um modelo que não pode ser adotado em todos os segmentos, pois nem sempre os clientes estão dispostos a pagar para pertencer a um grupo VIP. Produtos de custo mais elevado levam vantagem, desde que a empresa consiga praticar descontos ou condições mais atrativas para aqueles que pagam um valor mensal.

Um bom exemplo é o da Amazon Prime, programa desenvolvido pela Amazon, pelo qual o cliente obtém benefícios como frete grátis, percentual maior de desconto em determinados itens, *streaming* de vídeo e empréstimo de quantidade ilimitada de livros.

Os clubes de assinatura cresceram muito durante a pandemia, principalmente os vinculados às entregas recorrentes de café, vinho, cerveja e outros itens.

Acúmulo de pontos

Um dos modelos mais populares, os programas de fidelidade baseados no acúmulo de pontos são bem democráticos. Indústrias de beleza e saúde, além de moda, têm feito um bom uso dessa alternativa. A proposta é fazer com que o programa funcione como um gatilho de compra.

Muitas vezes, apenas para atingir determinada pontuação, o cliente pode elevar a quantidade de itens adquiridos, porque sabe que isso o colocará em outro patamar de benefícios. Nesse caso, a mecânica pode ser bem simples: a cada compra o cliente ganha um ponto, e depois pode trocar os pontos por itens da loja.

Dependendo do setor, é possível incrementar a estratégia adicionando níveis de relacionamento. Isso permite personalizar ainda mais o programa e recompensar diferentes tipos de consumidores. O principal é fazer a distribuição dos benefícios para cada grupo, pois o público tem que reconhecer a vantagem de continuar evoluindo no programa.

Em relação à geração Z, é possível ir um pouco além e incluir desafios para que o público possa acelerar sua participação no programa e, com isso, ter acesso a itens exclusivos. Encaixam-se nessa modalidade os programas de *cashback*, que têm como principal vantagem o fato de estimular o cliente a concentrar suas compras naquela empresa para ter um volume maior de dinheiro de volta.

Parcerias

Bem adequados para o ambiente atual, no qual as empresas têm mais facilidade para firmar acordos, os programas de parceria são baseados na oferta de benefícios de terceiros. O recurso costuma funcionar quando as ofertas elaboradas pelos parceiros são realmente exclusivas.

A premissa mais importante nessa modalidade é avaliar bem o perfil do público. Parece estranho, mas muitas empresas deixam de considerar isso e o programa não funciona, porque a oferta não encanta o cliente.

Se o objetivo é deixar no passado o discurso 100% focado na venda e passar a se concentrar no relacionamento, os programas de fidelidade podem ser muito valiosos. Ao mesmo tempo que permitem acessar um volume enorme de informações sobre as transações dos clientes, ainda premiam aqueles que são fiéis às marcas.

Qual é a sua história?

Captar, converter e fidelizar são objetivos elementares do marketing, e, como vimos até aqui, existem técnicas e ferramentas apropriadas para realizar esse trabalho com excelência.

Um aspecto, porém, nem sempre é considerado com a devida atenção pelas empresas, o que pode prejudicar bastante os resultados: a importância do *branding*.

Há boas razões para que isso ocorra: a velocidade exigida na implantação dos projetos ou mesmo as facilidades proporcionadas pelas plataformas digitais são algumas delas.

Hoje existem recursos para criarmos, com alguns cliques, a logomarca da loja, e até estabelecermos sem dificuldades uma identidade visual para o negócio. Está faltando definir missão e valores? Sem problemas: basta escrever um texto bacana, sintetizando alguns propósitos devidamente alinhados com o que as pessoas consideram importante – diversidade, responsabilidade socioambiental e por aí vai.

A má notícia: ainda que muitos projetos sejam realizados dessa forma, esse caminho não é o ideal para consolidar uma marca de sucesso. Pode até funcionar por algum tempo, naquele estágio inicial no qual os investimentos em comunicação são mais generosos, mas o marketing terá muitas dificuldades para elevar a performance do negócio ao nível exigido por um mercado tão competitivo como o varejo.

A boa notícia: vale muito a pena dedicar tempo e estudo para o *branding*, porque a partir daí as estratégias serão executadas com mais eficiência. Isso não acontece por acaso. As chances de sucesso aumentam quando a marca já apresenta as características ideais para a finalidade desejada. Os principais aspectos do seu negócio vão falar mais alto, representando de fato os valores que orientam a sua operação.

ATENÇÃO

O *brand* (marca, em português) envolve os elementos que são empregados para identificar a sua empresa, como nome, logotipo, cores e design, que fazem parte da sua identidade visual. Tudo isso é importante num projeto de marca, pois a representação gráfica do negócio precisa ser bem cuidada. Mas o *branding* tem um foco mais abrangente: além da identidade visual, nos referimos ao processo de gestão da marca, à definição da sua personalidade e às estratégias adequadas para expressar seus diferenciais perante os públicos de interesse.

Branding: o que é mais importante

Apesar da complexidade do *branding*, podemos dizer que ele começa de forma bem simples, a partir da resposta para uma pergunta básica que todo empreendedor deveria ter na ponta da língua: que história você quer contar sobre o seu negócio?

A partir daí, é possível trabalhar a definição dos valores que vão orientar a operação e, na sequência, cuidar do alinhamento entre esses propósitos e as chamadas expressões da marca. Essa é a essência de um projeto de *branding* bem-sucedido – e isso não muda quando analisamos as demandas do neovarejo.

Contudo, a gestão da marca nesse novo ambiente conta com algumas particularidades, como a necessidade de entender que, cada vez mais, a razão de compra está diretamente ligada à resolução do problema. A promessa básica deve estar focada, portanto, na **solução** e não no produto.

Outra mudança que nos parece muito nítida é em relação às causas encampadas pelas marcas. Num passado não muito distante, muitas empresas foram orientadas a se manterem isentas, pois esse é o mundo dos negócios e a regra é preservar a neutralidade para alcançar todos os públicos, sem distinção. Mas a chegada das novas gerações ao mercado de trabalho e de consumo tem provocado alterações significativas nesse campo.

Para exemplificar, vamos pensar na causa da diversidade, que há alguns anos ganhou mais visibilidade, mas ainda era tratada de forma bastante cautelosa pelas grandes marcas. Passou a ser mais comum ter um *casting* um pouco mais diversificado nas campanhas publicitárias e patrocinar eventos relacionados à comunidade LGBTQIA+, mas sem posicionamentos mais incisivos sobre o assunto.

Isso pode ainda funcionar, porém dificilmente será possível manter essa estratégia nos próximos anos. Está claro que a forma como as empresas lidam hoje com a inclusão diz muito sobre a sua própria capacidade de engajar o time.

Temos, nesse caso, outro elemento importante do projeto de *branding*: como a marca conquistará defensores entre os seus consumidores se não tem fãs entre os seus colaboradores?

Se já é difícil lidar com a falta de transparência no mercado, o que dizer do relacionamento com o público interno? O alinhamento de propósitos, ações e mensagens é prioritário. E para que isso tenha a consistência necessária, temos que sair da história do simples apoio a determinadas causas. A cobrança tornou-se mais séria nesse sentido, na medida em que não basta "ajudar": é preciso ter uma postura ativa e ser efetivamente um agente de inclusão ou de transformação da sociedade e do ambiente.

Esses são temas que não podem mais ficar relegados aos relatórios de sustentabilidade ou mesmo às campanhas de endomarketing, tradicionalmente tratadas de forma apartada das demais expressões da marca. Esses propósitos devem fazer parte de todas as iniciativas, para que o público consiga se identificar com as marcas que comungam dos seus ideais.

É isso: a nova geração de consumo não compra por comprar. Ela dificilmente opta por algo apenas pelo status, e declara, de forma enfática, que está atenta ao que acontece na produção, na distribuição e na comunicação de um produto ou serviço.

Por isso, aumenta muito a responsabilidade do marketing nessa história. Para realizar seu trabalho de forma mais eficiente, ele deve ser orientado por um projeto de *branding* consistente. Não são mudanças fáceis, mas é possível avançar.

Talvez um dos melhores exemplos seja o da marca de cosméticos Victoria's Secret, que precisou decretar o fim das *angels* (suas modelos que representam um modelo irreal de beleza) e reorganizar-se em prol do empoderamento das mulheres reais. Hoje, são elas que estampam suas campanhas e estão presentes nos elementos de expressão da marca trabalhados nos pontos de venda.

O ponto central em tudo isso é o fato de que toda marca precisa criar conexões emocionais com os clientes. É aqui que começa o relacionamento duradouro que as marcas tanto almejam. E, em última instância, é essa relação, baseada no alinhamento de propósitos, que vai gerar negócios mais vantajosos para todos.

O cliente terá uma marca na qual confia e a empresa gastará menos para captar, converter e fidelizar.

É necessário, portanto, estar atento à jornada do consumidor, entender suas mudanças de comportamento, conectar-se com o público-alvo, entender como disseminar os propósitos da marca e ter agilidade nas mudanças que vão fazer o negócio evoluir.

A evolução da tecnologia abre muitas possibilidades para melhorar a eficiência no relacionamento com o cliente, aperfeiçoar ou criar ofertas. Um bom relacionamento com o cliente diminui o CAC, melhora a fidelização, gera mais engajamento e cria nano influenciadores. Cada vez mais a relação entre empresas e clientes se aproxima das relações pessoais. Relacionamento é o novo marketing!

PARA REFLEXÃO

Como você comunica seus valores e seu propósito?

O consumidor consegue reconhecer seus valores na proposta da sua marca?

Você se comunica de forma consistente com seus clientes?

Como sua marca tem se posicionado em relação aos novos 3Ps (personalização, proximidade e privacidade)?

CAPÍTULO 6

Finanças

Com a consolidação do comportamento omnichannel do consumidor, como vimos nos capítulos anteriores, a integração será a chave para negócios bem-sucedidos no neovarejo.

Pela nossa experiência no dia a dia, contudo, entendemos que a gestão omnichannel ainda é um desafio enorme, uma vez que o varejista brasileiro enfrenta sérias dificuldades para lidar com o planejamento financeiro.

Infelizmente, nesse aspecto estamos bem distantes do cenário ideal. Ainda há muito a ser feito. Em um varejo omnichannel, por exemplo, é preciso contar com um DRE (Demonstrativo de Receitas e Despesas) integrado entre o físico e o virtual, o custeio precisa considerar novas despesas de venda e comunicação, a remuneração variável precisa levar em conta a perspectiva omnichannel, e os desafios tributários precisam ser endereçados. São desafios que vão além da operação comercial e logística.

Avaliando como se deu o desenvolvimento do mercado nas últimas décadas, fica mais simples entender por que a gestão financeira dos negócios ainda não atingiu o nível de excelência que temos em outras áreas.

No Brasil, por uma série de razões, a informalidade dos negócios foi vista como natural, "parte do jogo", durante muito tempo. Não era considerado um problema o fato de termos operações de todos os portes atuando sem respeitar as regras em relação ao pagamento de impostos, por exemplo.

Ao seguir nessa direção, no entanto, muitos varejistas deixaram de lado a avaliação da saúde financeira dos negócios, até por contarem com um "ganho" que não poderia ser devidamente contabilizado.

Além da informalidade, que alcançava várias frentes das operações e dificultava uma gestão mais eficiente do negócio, durante muitas décadas tivemos que lidar ainda com outra situação bem particular: a inflação.

Com a instabilidade da moeda e a dificuldade de trabalhar a precificação dos produtos, a saída para muitos empresários foi usar os altos índices inflacionários como forma de equilibrar o faturamento.

Talvez a situação pareça absurda para quem não acompanhou o dia a dia do varejo nas últimas décadas, mas quem viveu nos períodos de hiperinflação entende bem a lógica: era mais rentável manter altos estoques dos produtos, contando com os reajustes de preço para ampliar a margem de lucro, do que investir eventualmente em estratégias mais sustentáveis para a operação.

Essas mazelas, não temos dúvida, tiveram reflexos diretos no amadurecimento do setor varejista brasileiro sob a perspectiva financeira.

Por onde começar?

Ainda que o varejista conte com profissionais especializados para organizar as operações financeiras do negócio, é imprescindível que ele tenha uma boa noção dos conceitos básicos dessa área.

Ao abrir um negócio ou uma nova frente de atuação para a marca (como um e-commerce para viabilizar a omnicanalidade), muitos empreendedores deixam de considerar que, para ter sucesso, não basta ter um bom produto ou mesmo uma comunicação eficiente.

E, como dinheiro não aceita desaforo, vemos diversas operações fracassarem justamente por cometerem erros bem básicos, como deixar de computar o tempo que será necessário para a maturação do negócio.

O espírito empreendedor é importante e certamente tem sido responsável pelo sucesso de muitos varejistas brasileiros, mas dificilmente ele será suficiente para que a operação seja rentável e, assim, tenha vida longa.

Tanto é verdade que, ao avaliarmos os dados disponíveis sobre fechamento de empresas no país, sabemos que muitas ideias excelentes deixaram de prosperar porque não foram adotados os devidos cuidados.

Segundo um relatório do Sebrae (2021), a maior taxa de mortalidade das empresas em cinco anos é verificada no comércio (30,2%). Na sequência, aparece a indústria de transformação (27,3%) e a de serviços (26,6%). As menores taxas de mortalidade estão na indústria extrativa (14,3%) e na agropecuária (18%).

Conforme o levantamento (Sebrae, 2021), a taxa de mortalidade das MEIs é de 29%, enquanto a das microempresas é de 21,6%, e a das empresas de pequeno porte, de 17%. Como se pode deduzir, quanto maior o porte da empresa, menor o risco. Pesa nesse caso, além do aporte de capital, o preparo dos empresários.

Refletindo sobre a situação específica do varejo, é importante observar que nos referimos a um setor bastante diversificado, que comporta hoje operações de todos os portes. A despeito das inúmeras dificuldades, trata-se de um segmento que cresceu muito nos últimos anos e que vem se tornando cada vez mais importante para a economia do país.

Em 2004, o varejo e o comércio representavam 19% do PIB. Após o período de maior crescimento desses setores, em 2012, esse índice chegou a 25%. Em 2020, apesar do quadro atípico daquele ano, eles representaram 28%. Foram nove pontos percentuais de crescimento em um período de 16 anos.

Quando olhamos para esse resultado, é normal o questionamento: o que um setor que já representa quase 30% do PIB pode fazer para aprimorar o seu desempenho? A preocupação, no caso, é que temos hoje um ambiente disruptivo, que exige mais investimentos, principalmente em tecnologia.

Mas isso só poderá acontecer se as empresas conseguirem se organizar do ponto de vista financeiro, ou seja, se tiverem um planejamento adequado.

Para fins didáticos, vamos começar tratando, então, dos conceitos básicos que envolvem a gestão financeira de uma operação varejista.

Conceitos básicos para o varejo

Demonstrativo de Resultados do Exercício (DRE)

Há alguns anos, a informalidade das empresas colocava em segundo plano o uso de DREs. Hoje, porém, vemos que o varejo está fazendo um uso mais adequado e estratégico desse relatório.

Essa prestação de contas é exigida para as empresas de capital aberto, mas, acima de tudo, é uma ferramenta importante de análise de negócios de qualquer tipo, de todo porte. Nesse caso, partimos do princípio de que a empresa trata os documentos contábeis da forma como se deve, com lançamentos verdadeiros e não fictícios.

Cada empresa deve adequar a estrutura do DRE às especificidades do seu negócio, mas podemos partir aqui de um modelo básico, considerando:

(+) Receita bruta de vendas: valor faturado dentro de um corte de tempo analisado (mês, trimestre ou ano)

(−) Deduções da receita bruta: dedução de todos os abatimentos, impostos diretos (analisar enquadramento tributário), devoluções de pedidos ou descontos dentro do corte de tempo analisado

(=) Receita operacional líquida: resultados das vendas menos as deduções da receita bruta

(−) Custo de vendas: custo das mercadorias vendidas (CMV), custo dos produtos vendidos (CPV) ou custo dos serviços prestados (CSP)

(=) Valor operacional bruto: todo o valor após as deduções do custo das vendas

(−) Despesas operacionais: todas as despesas administrativas que envolvem a operação (folha de pagamento, aluguéis, ferramentas, etc.) e de vendas (frete, plataformas, hospedagens, marketing, etc.)

(–) Despesas financeiras: despesas com variações de câmbio, IOF e juros, taxas, etc.

(+/–) Outras receitas e despesas: serviços secundários, locações de materiais, vendas de bens, depreciação, etc.

(=) Resultado operacional antes dos impostos: valor a ser deduzido antes da dedução dos impostos sobre o lucro

(–) Provisão dos impostos gerados: valor provisionado dos impostos gerados sobre o lucro gerado (analisar alíquotas e o modelo tributável; no Simples, por exemplo, a cobrança é feita por uma guia única)

(=) Resultado líquido do exercício: lucro ou prejuízo deixado pela operação do e-commerce. Neste ponto, você terá condições de avaliar a saúde da empresa

Veja que, para elaborar o DRE, a empresa precisa considerar uma série de despesas que, numa análise mais superficial, são deixadas de fora. Entretanto, essa atenção à saúde financeira do negócio é extremamente importante para garantir uma vida mais longa para as empresas.

Planejamento

Infelizmente, até por uma questão cultural, nem sempre os gestores dedicam a devida atenção à etapa do planejamento. Quando o assunto são as finanças, não há como ignorar a importância da sistematização das informações relacionadas às previsões de entrada e saída de capital.

Quem não planeja, precisa improvisar. Isso pode ser muito bom em outras áreas do negócio, mas pode inviabilizar a operação do ponto de vista financeiro.

Um exemplo de problema recorrente é o cálculo equivocado do capital de giro necessário para manter a operação. O fato é que o sucesso das vendas depende de muitas variáveis, sendo que nem todas estão sob o controle da empresa. Assim, é crucial considerar ter uma reserva em caixa para enfrentar eventuais dificuldades.

Ao elaborar o planejamento, dois objetivos devem ser devidamente calculados:

- **Break even**: é o ponto de equilíbrio financeiro, ou seja, o momento no qual a receita gerada é suficiente para pagar as contas.
- **Payback**: situação ideal que leva mais tempo para acontecer, é o momento no qual a empresa não apenas consegue pagar as contas, mas tem condições de garantir o retorno do investimento feito no negócio.

Para uma operação saudável, além de previsões sobre *break even* e *payback*, é importante ter muita atenção ao equilíbrio dos indicadores financeiros.

Um dos principais indicadores é o **fluxo de caixa**, que precisa considerar a forma como a empresa realiza as suas vendas e analisar, dentro de determinado período, como está o saldo da operação.

Nem sempre ter dinheiro em caixa significa que o saldo é positivo e que a empresa está numa situação confortável. Dependendo das especificidades do negócio, um excelente dia de vendas também significa que a empresa terá que fazer um desembolso mais alto para arcar com as despesas com os fornecedores. Se as despesas se equiparam às receitas, o cenário não é tão animador como se imagina.

Para não cair nesse tipo de armadilha, deve-se monitorar muito bem a movimentação financeira e avaliar especialmente a chamada **margem de contribuição**.

No dia a dia, é comum vermos empresas que avaliam apenas a quantidade de vendas e deixam de considerar o custo dessas transações. No longo prazo, isso vai prejudicar a saúde financeira do negócio, uma vez que os cálculos são feitos de forma superficial.

Para que a empresa consiga manter receitas e despesas equilibradas, uma das recomendações é fazer a precificação com base na margem de contribuição. Com esse indicador, é possível avaliar o quanto de lucro um produto e a empresa são capazes de gerar para contribuir no pagamento dos custos fixos.

É a partir daí que o gestor conseguirá ter vendas efetivamente lucrativas, capazes de fazer com que o varejo cubra as suas contas, e planejar adequadamente o crescimento da operação.

> O cálculo da margem de contribuição pode ser feito da seguinte forma:
>
> Margem de contribuição total =
> $$\frac{((\text{faturamento bruto} - \text{deduções, custos e despesas variáveis}) \times 100)}{\text{faturamento bruto}}$$
>
> Exemplo:
> Faturamento = R$ 60.000
> Deduções (devoluções, impostos, etc.) = R$ 4.000
> Custos variáveis = R$ 30.000
>
> Margem de contribuição total =
> $$\frac{((60.000 - 34.000) \times 100)}{60.000} = 43,3\%$$
>
> Com esse indicador, entendemos que, para cada R$ 1 faturado, a empresa gerou R$ 0,43 de lucro para contribuir no pagamento dos custos fixos.

A margem de contribuição também pode ser empregada na precificação do produto. Nesse caso, o ideal é que essa definição de preço seja feita de forma estratégica.

Isso significa que, na prática, podemos aplicar margens de contribuição diferentes para itens diferentes do estoque, considerando nessa conta a questão da competitividade.

Assim, para itens com giro alto e muita concorrência, o ideal é reduzir a margem de contribuição, pois isso aumenta a competitividade do produto, pode ajudar a atrair novos clientes e até mesmo a trabalhar melhor a retenção.

Para produtos mais exclusivos e com maior valor agregado, por outro lado, a margem pode ser mais elevada, uma vez que o preço mais alto não prejudicará as vendas.

> Preço de venda = custo do produto ÷ (1 − taxas da venda − % margem)
>
> Onde:
> taxas da venda se referem aos impostos, taxas e comissões;
> % margem é a margem de contribuição.

> Exemplo:
>
> Custo do produto (preço de compra + frete da compra + impostos) = R$ 30
>
> Impostos = 12% (Simples Nacional)
>
> Comissão do marketplace = 14%
>
> Margem desejada = 20%
>
> Preço de venda = custo do produto ÷ (1 – taxas da venda – % margem)
>
> Preço de venda = 30 ÷ (1 – 0,12 – 0,14 – 0,20)
>
> Preço de venda = R$ 55,55

Pontos de atenção nas finanças

Além do controle adequado das despesas e receitas, a saúde financeira depende de atenção com vários aspectos do negócio. Vamos tratar de alguns deles.

Gestão de estoque

Entender o comportamento de compra do cliente e as variáveis que influenciam a decisão de compra faz muita diferença para o dia a dia da operação, pois é a partir daí que o gestor consegue fazer uma gestão mais eficiente do estoque.

Comprar determinado item em excesso ou abaixo da demanda pode prejudicar bastante as finanças. No primeiro caso, a empresa terá imobilizado, de forma desnecessária, uma parte do seu capital, o que pode afetar diretamente o seu fluxo de caixa. No segundo, ela perde oportunidades de venda por não ter mais o produto que está sendo desejado pelos clientes.

Como vimos, o ideal é que cada venda contribua para o equilíbrio das contas. Se a venda não acontecer porque houve um cálculo errado da demanda, a empresa pode ter dificuldades para arcar com as despesas.

A falta do produto também deve ser evitada não somente pelo fato de que haverá uma queda no faturamento, mas pelo efeito cascata que isso pode gerar. Um cliente não atendido pode ir para a concorrência e, se tiver uma boa experiência, não voltar mais.

Nesse sentido, o digital aumenta a pressão sobre o varejo. Hoje, com alguns cliques no celular, o consumidor consegue fazer uma busca e localizar o item em outro estabelecimento.

A gestão de estoque merece todo o cuidado, pois falhas nessa área não têm impacto apenas no curto prazo, mas também no médio e no longo, e podem prejudicar bastante a margem de lucros da operação e a sustentabilidade do negócio.

O que faz a diferença, além do emprego de ferramentas adequadas de monitoramento, é a manutenção de boas relações com os fornecedores. Isso pode ajudar numa eventual reposição de emergência, sem falar na possibilidade de obter negociações mais favoráveis.

Pessoa física × pessoa jurídica

Principalmente para as operações de menor porte e/ou com origem familiar, a dificuldade em separar as contas pessoais das empresariais ainda é um entrave à evolução dos negócios.

Diferentemente do que se imagina, não é nada saudável para a empresa o proprietário trabalhar com um caixa único. O problema mais grave é justamente a falta de controle sobre as reais necessidades do negócio.

O ideal é que as retiradas sejam sistematizadas, até porque as despesas com a remuneração do sócio precisam ser incluídas no custo da operação. Não são poucas as histórias de empresas que, mesmo com uma boa proposta de negócio, acabaram falindo porque o proprietário fez retiradas inapropriadas para o porte da operação.

Isso costuma ocorrer bastante no comércio, naquela situação em que a abertura do negócio é vista como a solução para resolver os problemas financeiros da pessoa física.

As receitas são usadas para arcar com as despesas e, invariavelmente, há um descontrole das contas da empresa. O final da história geralmente é trágico: a pessoa física acaba se endividando ainda mais e prejudicando a viabilidade da pessoa jurídica.

Mesmo quando a situação não é tão extrema, a mistura entre as contas empresariais e pessoais é contraindicada, justamente porque prejudica os reinvestimentos necessários para fazer com que o negócio ganhe escala.

Um erro comum, por exemplo, é o valor da retirada ser estabelecido de acordo com as necessidades da pessoa física, e não com as condições reais da pessoa jurídica.

E o contrário também acontece. Muitos empresários usam os recursos pessoais e da família para fazer frente às despesas da empresa. Com isso, colocam em segundo plano a análise das condições reais de competitividade do negócio, intuindo que os problemas são passageiros.

A solução é separar as contas e definir o pró-labore dos sócios de acordo com o planejamento financeiro da empresa, ou seja, considerando a necessidade de capital de giro e o tempo que será preciso para o *break even*.

Apoio à gestão

A automação das tarefas que fazem parte do dia a dia do varejo é uma realidade, e as empresas que ignoram o uso de soluções tecnológicas tendem a ficar defasadas rapidamente.

Contar com o auxílio de soluções digitais significa, em última instância, liberar a equipe e os gestores para atuarem no que realmente interessa: a tomada de decisões estratégias sobre o negócio.

Muitos gestores ainda resistem à adoção de sistemas e soluções tecnológicas e postergam o investimento necessário. No longo e médio prazo, isso pode ser bastante prejudicial para a saúde financeira.

Vale a pena estudar as possibilidades disponíveis no mercado para entender até que ponto elas podem auxiliar a gestão do negócio. No neovarejo, com todas as operações devidamente integradas, é praticamente impossível renunciar ao apoio da tecnologia.

Para otimizar a administração do negócio, atente-se à necessidade de desenvolver um plano de negócios que liste aspectos como modelo de operação, público-alvo, concorrentes, condições mercadológicas no curto, médio e longo prazo, além das estratégias que serão empregadas na gestão financeira, considerando custos fixos e variáveis, e formas de agregar valor ao produto.

O tempo dedicado à elaboração desse documento é válido, uma vez que eventuais riscos serão devidamente calculados com base em estratégias realistas.

Ter objetivos bem definidos é um dos principais benefícios gerados pelo planejamento. É a partir daí que o gestor consegue avaliar o retorno sobre o investimento em cada um de seus projetos.

Gestão omnichannel

Entendidas as etapas básicas da estruturação do negócio, vamos analisar, passo a passo, a gestão omnichannel, verificando como os gestores podem potencializar os resultados de cada canal.

O segmento de *food service* foi um dos mais impactados nos últimos anos. A pandemia também foi um divisor de águas para o segmento, pois quem ainda não trabalhava com delivery, por exemplo, teve que fazê-lo de forma emergencial.

Assim, surgiram (ou se expandiram) as plataformas de delivery e até modelos próprios de canal de vendas e entregas. Quem já estava inserido nesse canal de vendas conseguiu se reerguer mais rapidamente.

Entretanto, adaptações nos produtos, margens e modelos foram imprescindíveis para a sobrevivência dos negócios de alimentação. Veja o exemplo de um restaurante através de seu DRE na tabela 1.

Tabela 1

		Mensal (média em R$)	
FATURAMENTO BRUTO	Faturamento balcão	145.760	100,0%
	Faturamento delivery	-	0,0%
	TOTAL FATURAMENTO BRUTO	**145.760**	
DEDUÇÕES S/ RECEITA	Impostos sobre vendas	13.289	
	Taxas referentes às vendas	350	
	TOTAL FATURAMENTO LÍQUIDO	**132.121**	
CUSTOS	CMV (custo de mercadoria vendida)	47.079	
	Custos da franqueadora	8.392	
	TOTAL CUSTOS	**55.471**	

(cont.)

DESPESAS	Despesas com ocupação	19.970	
	Despesas com operação	5.821	
	Despesas com pessoal	22.046	
	Despesas com terceirizados	2.570	
	TOTAL DESPESAS	**50.407**	
			%
	LUCRO OPERACIONAL	**26.243**	**18,0%**

Esse é um exemplo real de um restaurante que não fazia delivery. Provavelmente possuía clientes fidelizados que compravam – presencialmente – de forma recorrente. Assim, conseguia manter não só um bom faturamento como também uma boa lucratividade (percentual de resultado operacional sobre o faturamento).

Mas o perfil do cliente mudou. O mundo mudou. Não só devido à pandemia, que acelerou esse processo, mas as pessoas passaram a entender que era uma opção interessante fazer seus pedidos através de um aplicativo, por exemplo, e receber sua refeição em casa, mesmo que pagando um pouco a mais por isso.

O volume de vendas on-line aumentou, modelo que muitas vezes substituiu a venda presencial, e gerou, com isso, custos ao segmento que alteraram a composição estrutural do negócio, como podemos observar no exemplo a seguir (tabela 2):

Tabela 2

		Mensal (média em R$)	
FATURAMENTO BRUTO	Faturamento balcão	119.649	
	Faturamento delivery	42.306	73,9%
	TOTAL FATURAMENTO BRUTO	**161.955**	26,1%
DEDUÇÕES S/ RECEITA	Impostos sobre vendas	15.737	
	Taxas referentes às vendas + apps delivery	9.923	
	TOTAL FATURAMENTO LÍQUIDO	**136.295**	

(cont.)

CUSTOS	CMV (custo de mercadoria vendida) + embalagens	54.385	
	Custos da franqueadora	9.312	
	TOTAL CUSTOS	**63.697**	
DESPESAS	Despesas com ocupação	19.970	
	Despesas com operação	6.478	
	Despesas com pessoal	24.309	
	Despesas com terceirizados	2.570	
	TOTAL DESPESAS	**53.327**	
			%
	LUCRO OPERACIONAL	**19.271**	**11,9%**

Esse é o mesmo restaurante do exemplo anterior. Porém, aqui, com o aumento das vendas pelo aplicativo, por mais que o montante final de vendas tenha se elevado, os fortes custos diretos do uso do aplicativo, além de custos adicionais com embalagens para delivery, entre outros, fizeram com que o resultado do restaurante diminuísse. Em resumo, é dizer que tiveram que "trabalhar mais para ganhar menos".

Dessa forma, surgiram as *dark kitchens*. Para alguns negócios, devido ao volume de vendas on-line, o custo de uma boa localização ou mesmo de um bom espaço para receber clientes passou a ser dispensável. Assim, negócios com foco no canal on-line se replicaram.

Atualmente é comum, por exemplo, encontrar pequenos restaurantes, pizzarias ou lanchonetes com foco no delivery que possuem um bom espaço para o trânsito de motos e pouco espaço para clientes. É a adaptação dos negócios conforme o foco nos canais de venda escolhidos.

Todos os segmentos do varejo vêm se adaptando às mudanças de comportamento dos clientes. E não seria diferente, portanto, num segmento que possui um "toque" comportamental: o **segmento de moda**. Veja, na tabela 3, o DRE de uma loja franqueada de moda feminina:

Tabela 3

DRE	Mês (média) R$	%
Faturamento (vendas)	**220.159**	**100,0%**
Faturamento loja	**202.666**	**92,1%**
Faturamento omni	**17.493**	**7,9%**
Custo de mercadoria vendida (CMV)	94.638	43,0%
Impostos sobre vendas (simples)	24.731	11,2%
Lucro bruto	**100.790**	**45,8%**
Comissões de vendas	7.348	3,3%
Custos omni	**8.204**	**3,7%**
Administração cartões	5.742	2,6%
Royalties + fundo promoção	12.125	5,5%
Margem de contribuição	**67.371**	**30,6%**
Ocupação	19.341	8,8%
Pessoal	27.349	12,4%
Pró-labore	3.000	1,4%
Outras despesas fixas	660	0,3%
Lucro operacional	**17.021**	**7,7%**
Investimentos e dívidas	7.700	3,5%
Retirada dos sócios	5.000	2,3%
Lucro líquido	**4.321**	**2,0%**

    Nesse outro exemplo real, destacamos algumas linhas do DRE que são particulares dessa rede de moda e que representam bem os impactos do varejo omni nos dias de hoje.

    As **receitas omni** referem-se às vendas geradas pelos canais digitais (portal de e-commerce ou marketplaces) gerenciados pela marca, não pela loja. Para diminuir atritos devido a um possível conflito de canais, essa marca franqueadora determinou que a venda dos produtos por seus canais digitais geraria repasse de comissão (receita) ao respectivo franqueado da região, quando houvesse.

Exemplo: uma cliente de Copacabana, no Rio de Janeiro, preferiu comprar determinado produto pelo portal de e-commerce da marca em vez de ir até a loja mais próxima. A marca, dona do canal on-line, faz a venda e envia o produto à casa da cliente. Além disso, repassa ao franqueado da região uma comissão pela venda, assim como repassa à loja informações básicas da venda e da cliente, para que a loja possa fazer ativações de marketing locais futuramente.

Já os **custos omni** referem-se aos custos gerados pelas vendas omni. Exemplo: suponhamos que no exemplo anterior a cliente prefira retirar o produto na loja mais próxima. Dessa forma, a marca passa o pedido de venda à loja, que separa o produto e aguarda pela cliente. Esta, na loja, efetiva a compra e leva o produto. Efetivada a transação comercial, a loja faz o repasse de uma comissão (custo) à marca pela geração do pedido.

Tributariamente, recomenda-se buscar ajuda de especialistas para que a comprovação da receita ou do custo seja feita de forma correta e dentro da lei.

Como podemos ver, novas formas de venda geram novos controles e novas linhas tanto de receitas quanto de custos nos DREs e fluxos de caixa do varejo moderno.

CAPÍTULO 7

Franquias

Devido ao sucesso alcançado pelo *franchising*, é difícil imaginar o desenvolvimento da economia mundial sem esse modelo de negócios. Afinal, desde o início, as franquias ajudaram muito no processo de expansão das empresas.

Nos Estados Unidos, onde tudo começou, a expansão aconteceu num período bem crítico, após a Segunda Guerra Mundial. Milhares de jovens estavam voltando para casa naquele momento e enfrentavam sérias dificuldades para encontrar trabalho.

Com muita disposição para trabalhar, mas muitas vezes sem a capacitação e o investimento necessários para iniciar um negócio próprio, esses jovens perceberam nas franquias uma opção para a geração de renda.

Para parte das empresas, era uma alternativa bem mais acessível para promover a expansão de suas atividades em comparação com os custos exigidos, por exemplo, para a abertura de filiais com capital próprio.

Outro ponto importante, que permanece como um dos pilares do *franchising* até hoje, é que os franqueados tinham um envolvimento maior com o negócio do que os representantes comerciais.

Nessa "primeira geração" de franquias, a relação comercial era bem simplificada, envolvendo basicamente a cessão do direito de uso da marca e de distribuição dos produtos e serviços.

Com o tempo e, claro, devido ao sucesso das primeiras operações, as empresas foram buscando formas de aperfeiçoar esse relacionamento. Foi a partir das gerações seguintes que as franqueadoras passaram a estabelecer padrões de atuação para seus parceiros, desenvolvidos por meio da elaboração de manuais específicos e do suporte oferecido aos franqueados.

Não é o caso de detalhar aqui todos os aspectos dessa evolução, mas queremos enfatizar um ponto relevante para entendermos o que vem acontecendo com as franquias no neovarejo: a expansão das franquias tem sido baseada, primordialmente, em três fatores: custos, cobertura e controle.

Vamos analisar esses aspectos ante o processo de digitalização, que impacta fatores como a motivação do canal, o compartilhamento das receitas, a movimentação dos estoques em um ambiente omnichannel, o *split* de pagamentos e os *royalties* reversos. Antes disso, porém, é importante entendermos as particularidades do desenvolvimento das franquias no Brasil.

Breve história das franquias no Brasil

Desde a década de 1980, quando o modelo de franquias passou por um forte processo de expansão no país, elas têm exercido um papel de destaque no desenvolvimento do varejo nacional.

Naquele período, com a capacidade de investimento dos empresários bastante prejudicada pelos inúmeros problemas macroeconômicos do Brasil, o *franchising* viabilizou o aumento de capilaridade das marcas.

Considerando as dimensões continentais do país, esse foi (e tem sido) um caminho importante para o crescimento do varejista brasileiro. Usando o capital de terceiros e o conhecimento local dos operadores, as empresas tiveram a chance de acelerar seu processo de expansão, aumentar seu poder de negociação com fornecedores e aprimorar sua capacidade de gestão.

Uma pesquisa do Sebrae realizada em 1990 indica que a maioria das franquias brasileiras iniciou suas operações a partir de 1985 (Sebrae, 2016). A exemplo do que aconteceu nos Estados Unidos, muitas delas ainda priorizavam o fornecimento de produtos aos franqueados.

A prova de que o negócio deu muito certo? Diversas franquias brasileiras pioneiras continuam em atividade. É o caso da escola de idiomas Yázigi, que iniciou a rede ainda em 1954 e é considerada a primeira franquia de serviços do país. Na área de produtos, um dos destaques nessa história é O Boticário, que começou seu processo de expansão em 1980 com uma unidade franqueada em Brasília.

Dois fatores podem ser apontados como primordiais para a evolução das atividades no país: a criação da Associação Brasileira de Franchising (ABF) em 1987, e a instituição de uma legislação específica para o setor em 1994. As duas iniciativas têm relação com o crescimento acentuado das franquias nesse período, o que passou a exigir mais atenção com a profissionalização do setor.

A Lei nº 8.955 de 1994, mais conhecida como Lei de Franquias, definiu o conceito de franquia empresarial e passou a disciplinar os contratos nessa área, determinando, por exemplo, as informações que devem constar na Circular de Oferta de Franquia (COF).

Essa legislação passou por uma atualização em 2019, e uma nova lei entrou em vigor em março de 2020, a qual passou a garantir mais transparência para os acordos entre franqueadoras e franqueados e a contemplar as mudanças que têm ocorrido nessa área.

Vale lembrar que o mercado de franquias continua crescendo a taxas muito maiores do que as do PIB brasileiro. Além do faturamento, os dados são positivos em número de unidades e em redes franqueadoras.

A taxa de sucesso das operações franqueadas (muito maior do que a das operações não franqueadas), a consolidação das marcas e o crescimento dos shopping centers têm contribuído para essa expansão. Se considerarmos a tendência de redução dos empregos formais e o espírito empreendedor dos brasileiros, podemos dizer que a expectativa é que as atuais condições gerem novos ciclos de crescimento para o *franchising*.

O desenvolvimento dos negócios está vinculado à segurança trazida por esse modelo de operação, que, é preciso enfatizar, vai muito além de ceder marca, produto e projeto arquitetônico. Trata-se de ceder um *know-how* de gestão, gerir uma marca e desenvolver, de forma continuada, o modelo de negócio do franqueador.

É nesse sentido que o varejo deve olhar para o sistema de franquias, que se mantém bastante apropriado para viabilizar o crescimento de diversos tipos de negócio. É a partir das franquias que as empresas buscam chegar à melhor combinação entre aquelas três variáveis que citamos lá no início: custo para crescer, potencial de cobertura de mercado e controle do canal de distribuição.

Em muitos casos, porém, a falta de experiência ou a falta de visão de longo prazo faz com que as empresas aproveitem mal os inúmeros benefícios do sistema de franquias e falhem na missão de crescer e ampliar sua cobertura e mercado.

Alguns dos principais erros observados na expansão de franquias são elencados a seguir.

Enxergar a taxa de franquia como uma receita da empresa

A taxa de franquia é o valor pago por um franqueado para fazer parte de uma rede, receber o *know-how* do franqueador e ter o direito de usar a marca por um período determinado no contrato.

Alguns franqueadores entendem que uma diminuição dos critérios de seleção de praças e franqueados pode gerar uma quantia considerável em receitas de taxa de franquia.

Entretanto, a taxa de franquia deve ser vista como uma remuneração de um processo qualificado de recrutamento e seleção de candidatos, não como uma linha adicional de receitas.

O modelo de negócio da franqueadora deve estar baseado nas receitas provenientes da manutenção das unidades franqueadas – e não meramente da sua expansão.

Não planejar onde abrir franquias

Alguns empresários cedem à tentação de abrir lojas onde aparecem candidatos interessados. Essa prática, que num curto prazo parece interessante, pode provocar danos à rede.

Afinal de contas, abrir lojas em cidades com baixo potencial, ou em locais onde a franqueadora não poderá fornecer suporte, pode gerar grandes desgastes com o novo membro da rede, manchar a marca e desestabilizar o relacionamento com os demais franqueados.

Redes de franquias estruturadas possuem planos de expansão claramente estabelecidos, com base no potencial das cidades-alvo, na posição de concorrentes e no *share* de mercado. Dessa forma, crescem com planejamento e objetivos definidos.

Não escolher bem os franqueados
O novo franqueado passa a fazer parte de um grupo que já possui diversos membros. Por isso, deve respeitar critérios rígidos de seleção, que envolvem perfil pessoal, conhecimento profissional, capacidade de investimento, dedicação ao negócio, afinidade com o segmento e facilidade de relacionamento.

Fechar os olhos para o candidato e focar apenas a abertura de mais um novo ponto de venda pode fazer com que, num futuro próximo, os esforços do franqueador se concentrem no gerenciamento de conflitos com esse candidato mal selecionado.

Não gerenciar as expectativas dos candidatos
Normalmente, a frustração nasce da divergência entre o esperado e o realizado. O resultado de cada novo ponto de venda, por maiores que sejam os estudos prévios, sempre carrega uma taxa de incerteza.

Esse cenário deve ser informado aos novos franqueados de uma rede, para que eles não trabalhem apenas com cenários extremamente otimistas – e que podem não ser cumpridos.

Combinar a regra do jogo antecipadamente é sempre a melhor saída em todos os aspectos: desde as expectativas de venda até o suporte fornecido pela franqueadora.

Remunerar a expansão por lojas abertas
Um programa de remuneração que sincronize a atitude da equipe com a estratégia da companhia pode trazer grandes benefícios. Em muitos casos, franqueadores falham quando remuneram executivos ou parceiros de expansão apenas pela quantidade de novas unidades implantadas, e deixam a cargo deles o poder de selecionar ou reprovar um franqueado.

Essa estratégia é bastante arriscada, pois liga diretamente a seleção dos candidatos às necessidades de remuneração de um executivo ou parceiro. O ideal é que a aprovação de candidatos se dê por comitês que trabalhem sob critérios racionais e rígidos de seleção.

Fica evidente, nesses cinco tópicos apresentados, que a forma como é conduzida a expansão de uma rede impacta seu crescimento, a taxa de fechamento de lojas e a quantidade de conflitos que deverão ser administrados.

Executivos de franquias devem ter em mente – por mais difícil que isso seja – que, na dúvida, é melhor não abrir uma loja em determinada cidade, ou não conceder uma franquia a determinado candidato. No médio e longo prazo, essa decisão sempre se mostra mais acertada.

O que acontece com as franquias no neovarejo?

No neovarejo, em que o comportamento omnichannel do consumidor está consolidado, o principal desafio para as franquias é estabelecer modelos de negócio que contemplem uma jornada de compras digital.

Historicamente, ter um negócio estabelecido é uma vantagem. Considerando os 4Ps de marketing, faz sentido ter um negócio estabelecido, com produto, preço e promoção, cabendo ao franqueado a "praça", ou seja, a responsabilidade de garantir a capilaridade da rede e de ter um ponto físico de propaganda.

Com as vendas on-line, os consumidores não têm mais barreiras e não precisam mais se prender a uma localização. O varejo digital, entendido como uma extensão de canais (e-commerce, mobile, apps, redes sociais, etc.), atende o Brasil todo, sem nenhuma fronteira.

Sob a perspectiva das franqueadoras, o e-commerce tem um papel fundamental para fortalecer a marca, gerar tráfego e captar *leads*. Hoje, é impossível ignorar a necessidade de estar presente nos meios digitais.

A jornada de compra foi digitalizada e, consequentemente, deixou de ser linear. A realidade encontrada hoje nas relações de consumo é bem diferente daquela do passado. O consumidor tem mais autonomia, e a decisão sobre o canal de compra a ser usado não é mais determinada apenas pela localização da loja.

A questão do território, que durante muito tempo definiu a expansão das franquias, está fora da equação. Ainda é comum vermos franqueados resistindo à proposta de e-commerce da franqueadora, alegando que serão prejudicados. Nesse caso, estão deixando de considerar que a perda de território poderá ser devidamente recompensada com outras vantagens, como a possibilidade de atuar com uma vitrine infinita, uma vez que o franqueado passa a não depender mais apenas do seu estoque próprio.

É possível adotar outros modelos

O que percebemos é que, para negócios bem-sucedidos, o principal é aprimorar a experiência do consumidor com a marca. Não há como ignorar a relevância do digital e, consequentemente, a necessidade de rever modelos de atuação, para que a jornada de compra digitalizada e não linear seja contemplada pelas marcas.

Uma das premissas mais importantes dessa história é analisar a complexidade da compra. Quanto mais complexa for, maior a necessidade que a marca tem de dispor de parceiros que a ajudem a concretizar a venda.

Como isso é feito na prática? Com uma loja que atua como um ponto de experiência para o cliente, fazendo entregas que facilitam a sua compra e, claro, que o deixam mais satisfeito.

Ainda refletindo sobre outras possibilidades que podem ser mais bem exploradas a partir do modelo de franquias, é importante avaliar a relevância delas para o aprimoramento da logística da operação de varejo. Nesse caso, o modelo mantém suas vantagens, pois a marca pode expandir seus canais de distribuição com operações de menor porte, localizadas fora dos grandes centros.

Esse caminho foi adotado na expansão do varejo e continua válido, mesmo com a integração das operações, já que os franqueados passam a funcionar como centros de distribuição de produtos.

O desafio é revisar os modelos de remuneração propostos para os negócios. Para isso, precisam entrar em cena sistemas mais flexíveis que considerem as margens de contribuição de cada canal nas vendas (falamos mais sobre isso no capítulo sobre finanças).

Do ponto de vista operacional, devem ser analisadas as iniciativas que podem ser adotadas para minimizar eventuais atritos de canal entre o digital e as franquias estabelecidas. Devemos lembrar que, além da venda via e-commerce, as franqueadoras adotam outros canais de distribuição, como multimarcas, vendas diretas e vendas corporativas.

Nos casos bem-sucedidos, as operações possuem uma política de canais bem definida, formulada justamente para evitar conflitos que prejudiquem a marca e seus parceiros. Nesses casos, as empresas usam alternativas como segmentação de portfólio, política nacional de preços e preservação de áreas geográficas para minimizar atritos e ganhar mercado da concorrência – em vez de canibalizar vendas da própria empresa.

Tecnologias como as soluções de orquestração de pedidos (OMS) são importantes aliadas do varejo para a integração de todos os seus pontos de contato físico e virtual. Em uma jornada digital, também é possível trabalhar conceitos como reserva de praça (uma premissa das franquias no mundo físico), que é o direcionamento dos pedidos on-line para a loja mais próxima.

Macroprocessos omnichannel para as franquias

A análise da adoção do modelo de franquias no neovarejo passa pelo entendimento dos macroprocessos omnichannel que podem ser utilizados. Vamos entender como cada um deles funciona na prática.

Buy on-line, pick up in store (BOPIS)

Nesse modelo, a compra é realizada via e-commerce, mas o cliente opta por fazer a retirada na loja. Isso pode acontecer por várias razões, como a urgência do cliente em receber o produto ou a economia de custos, uma vez que o cliente não precisará arcar com o frete.

Operacionalmente, o desafio é gerenciar o estoque de forma integrada, o que exige não apenas um controle eficiente das entradas e saídas das mercadorias, mas também formas de disponibilizar essa informação.

Outra questão que precisa ser considerada ao adotar o BOPIS é a necessidade de incluir os aspectos relacionados ao fluxo financeiro. Esse tipo de situação destoa dos processos convencionais: o produto é pago no e-commerce, mas a mercadoria sai do estoque do franqueado, que é o responsável pela emissão da nota fiscal.

Por isso, ao elaborar as políticas que serão adotadas pela rede, é preciso levar em conta a forma como esse dinheiro voltará para o caixa do franqueado. Uma das maneiras de fazer isso é por meio do *royalty* reverso, uma política na qual o franqueador paga ao franqueado um percentual das vendas on-line processadas pela loja.

O principal para viabilizar a operação é que as regras sejam estabelecidas com clareza. O ideal é que se defina um prazo para "acertar as contas", assim como o valor das taxas que serão praticadas nessas modalidades.

Vale lembrar novamente que essas decisões são estratégicas para os negócios, uma vez que são importantes para contemplar as novas demandas dos consumidores em uma jornada digital.

Portanto, os franqueados precisam ser motivados a participar dessa jornada – e as condições criadas pelos franqueadores são essenciais para engajar as lojas.

Ship from store (SFS)

No SFS, as lojas franqueadas se tornam pontos de distribuição para os pedidos on-line que serão entregues na região. Esse modelo favorece a experiência de compra omnichannel, pois permite ao franqueador usar a capilaridade da rede de franqueados para agilizar a entrega (o *same day delivery*, por exemplo, é um dos fatores que mais impulsionam compras via internet).

Do ponto de vista operacional, trata-se de uma vantagem importante para as empresas, que conseguem minimizar os problemas da última milha, como o alto custo e o tempo de atendimento.

Sob a perspectiva do cliente, ele tampouco sabe de onde o produto saiu: as vantagens são a redução do frete e a velocidade de entrega.

A entrega propriamente dita é realizada a partir de dois modelos diferentes:

- Um parceiro de logística do franqueador pode fazer a retirada e a entrega do produto.
- O franqueado pode assumir a gestão dessa operação e se responsabilizar pela entrega da mercadoria.

Esse raciocínio também vale para o *buy on-line, return in store* (BORIS) – a devolução, na loja física, de pedidos feitos on-line.

Nesses projetos de entrega omnichannel, os desafios são semelhantes quando se pensa na necessidade de elaborar critérios claros para organizar o fluxo de trabalho e definir as taxas.

Especificamente na questão da entrega, é importante levar em conta a equação tributária. É preciso estudar o melhor modelo e avaliar as alíquotas dos estados ou mesmo como o processo será realizado para pedidos com mais de um item (que podem estar sujeitos a alíquotas diferentes).

Se a proposta é valorizar a experiência de compra do cliente, em alguns casos os produtos comprados poderão sair de franqueados diferentes, o que exige uma organização muito precisa do delivery e dos processos de negócios para garantir que a operação seja lucrativa.

No dia a dia das lojas, o que percebemos é que essas questões podem ser equacionadas. Tudo depende do tempo e da atenção dedicada ao planejamento desses novos modelos de atuação.

No capítulo sobre finanças, discutimos os pontos de atenção para as operações omnichannel. Elas são válidas também para o modelo de franquia. No final, o que vemos é que as operações acabam se tornando mais eficientes em seus processos de gestão.

Nesse sentido, as boas práticas da gestão omnichannel passam por algumas questões:

- Adotar novas tecnologias. Os sistemas OMS existem justamente para organizar melhor os fluxos contábeis e financeiros. Assim, temos hoje soluções tecnológicas que facilitam bastante a gestão omni.
- Ter uma câmara de compensação, na qual franqueados e franqueadores atuem com uma espécie de conta corrente. Dentro de determinado período, eles fazem as contas e acertam as comissões, devido à entrega diferenciada dos pedidos.
- Atuar com processos baseados na "uberização" do pedido. O mesmo pedido fica disponível para várias lojas em determinada região, e o franqueado tem a opção de aceitar ou não fazer aquela entrega, valendo o aceite daquele que se apresentar primeiro. Essa é uma possibilidade para quem tem várias lojas concentradas em uma área.
- Na parte contábil, uma das alternativas é estabelecer como regra que quem recebe o produto gera uma nota de compra daquele item, para facilitar a devolução e/ou troca.

PARA REFLEXÃO

O principal desafio para as franquias é estabelecer modelos de negócio que contemplem uma jornada de compras digital.

Quanto mais complexo o processo de vendas, maior a necessidade de contar com parceiros especializados para oferecer uma experiência eficiente e prazerosa para o cliente.

Em um ambiente de *franchising* omnichannel, devem ser estabelecidas regras claras e processos bem definidos para lidar com aspectos como a cobertura de delivery de pedidos on-line e a remuneração das lojas que lidam com pedidos e logística reversa omni.

Entrevista: Sandra Chayo

Sócia HOPE

Quais as principais mudanças na HOPE impulsionadas pela digitalização do consumidor?

A HOPE é uma empresa que nasceu na indústria em uma época que os grandes negócios eram industriais. No início dos anos 2000, enxergando o *boom* dos shopping centers, entramos no varejo através do sistema de franquias.

Apostamos todas as nossas fichas nesse caminho tendo em vista que, se não estivéssemos no varejo como marca, no futuro trabalharíamos para uma marca que estivesse. Tínhamos pontos de venda, mas com lojas exclusivas traríamos a experiência de marca.

Adaptar-se através dos tempos se tornou uma especialidade. Visão de futuro, um diferencial. A HOPE foi uma das primeiras marcas de moda a terem um e-commerce, em março de 2006. Na época, nem plataforma com as necessidades para o setor existia. Adaptamos uma ferramenta pronta, de prateleira do fornecedor de tecnologia, e customizamos para atender à diversidade de SKU (unidade de manutenção de estoque).

Com o surgimento das redes sociais e a popularização dos smartphones, já estávamos maduros na comercialização de produtos. Vejo que o principal diferencial é que não estávamos correndo para nos adaptar aos novos tempos, e sim focados em *branding* e em criar um senso de comunidade que nos levou a ter grande expressividade nas redes sociais e conexão direta com o nosso consumidor.

Uma mudança recente impulsionada pela digitalização do consumidor, principalmente neste momento pós-pandêmico, foi a implantação de um CRM mais forte. Entendemos que marketing e vendas são muito mais eficazes quando suportados pelo conhecimento e pela análise profunda dos dados e hábitos de seus clientes. Aproveitamos que o consumidor está mais aberto a comprar pelo WhatsApp e por canais digitais alternativos ao site, e criamos campanhas exclusivas divididas por *clusters* e mídias.

Quais os maiores desafios na execução de uma estratégia digital, considerando uma rede de franquias?
Crescer no varejo através do sistema de franquias tem suas vantagens e desvantagens. Os desafios e oportunidades são velhos conhecidos das redes de franquias brasileiras.

As empresas que fazem parte do sistema tributário do Simples Nacional, por exemplo, têm uma vantagem competitiva, e nós estruturamos a nossa rede com esse perfil: lojas de 40 m² em média nos principais shoppings e centros comerciais do país.

O crescimento orgânico da rede e a formação de grandes grupos econômicos de franqueados individuais são limitadores, portanto gerir uma rede com diversos franqueados é uma realidade. Procuramos promover a troca de boas práticas em várias áreas, e um de nossos grandes *cases* é relacionado à estratégia digital.

Em uma época que as marcas procuravam se proteger da criatividade e customização da comunicação da marca dos franqueados, nós liberamos os nossos para criar conteúdos regionais relacionados à sua praça. Em 2018, criamos um projeto financiado pelo fundo de marketing que se chamava "Cada HOPE com a sua influencer".

Nele, por quatro meses contratamos uma influenciadora local para cada uma das quase 200 lojas que tínhamos na época. O resultado foi tão efetivo que a marca HOPE apareceu em um ranking de uma pesquisa no jornal *Meio & Mensagem* como a marca mais citada no Instagram, na frente de multinacionais como Natura, Seara e C&A.

Olhando assim, pode parecer que foi só sucesso, mas tivemos muitos desafios. Havia influenciadoras que não conseguiam criar uma empresa para poder emitir nota, outras que mesmo contratadas não apareciam na loja, etc. O que nos propomos a fazer é ir vencendo um desafio após o outro e nos permitir errar, mas acertar mais do que errar, já que obviamente erros vão acontecer sempre.

Quando formatamos nossa estratégia omnichannel, hoje também pode parecer simples, já que está positiva e operante, mas foram e são muitos desafios. *Split* de pagamentos, treinamento da equipe, integração com o sistema de CRM, acuracidade do estoque. Tudo isso compartilhado entre lojas de um mesmo grupo econômico já seria um desafio; compartilhado entre empresas diferentes, como é o caso de uma rede de franquias, ganha outra dimensão.

Desde 2020, nossos lançamentos de coleção, que antes eram grandes eventos presenciais em lojas, passaram a ser lançamentos digitais. Ao transformar esses eventos físicos em digitais, fizemos uma das primeiras *live commerces* de moda no Brasil. Como resultado, apesar dos próprios desafios do formato e da tecnologia, acabamos levando muito mais tráfego para o site do que para as lojas, até porque era uma época em que o acesso físico era restrito ou inibido.

Atualmente, aproveitamos o *know-how* adquirido e fazemos grandes lançamentos no ambiente digital, mas com alguns benefícios que só os clientes que forem até as lojas físicas terão. Entendemos que, mesmo remunerando os franqueados através das vendas omnichannel, eles se beneficiam muito mais do fluxo físico com a força desse tipo de campanha. Com o cliente na loja, a equipe consegue converter, aumentar tíquete médio e peças por atendimento de maneira mais eficaz e personalizada.

Como vocês têm atuado na omnicanalidade?
Falamos de omnicanalidade quando ainda não existia esse termo. Em 2007, quando iniciamos a expansão das franquias, tínhamos quatro ou cinco lojas e já pensávamos em integrar os canais. Como as lojas padrão de shopping center são pequenas, queríamos implantar a prateleira infinita numa época que não tinha tecnologia para isso.

O objetivo sempre foi atender o cliente com excelência e agilidade, e não deixar o franqueado perder venda, e por muitos anos foi uma grande frustração. Só conseguimos começar o processo de integração dos canais em 2015 com as lojas próprias operando, porém, quando estávamos prontos para testar a tecnologia na rede franqueada, decidimos trocar de plataforma por outros motivos, o que adiou nossos planos por mais quatro anos.

Em 2019, voltamos para uma tecnologia nacional e, quando veio a pandemia, estávamos prontos para a integração.

Atualmente temos metade da rede operando omni com todas as suas funcionalidades. Ainda temos muitos desafios a serem vencidos, como a barreira cultural da força de vendas. Apesar do alto investimento em treinamento e capacitação do time, acredito que seja uma questão de amadurecimento das pessoas aos novos tempos do comércio.

Como você enxerga o futuro da loja física?
Principalmente em países com dimensões continentais como Brasil e Estados Unidos, ou até mesmo em marcas internacionalizadas, o papel das lojas físicas é também o de ser um *hub* de distribuição.

No nosso caso no Grupo HOPE, por exemplo, o centro de distribuição fica no Ceará, ao passo que temos uma concentração maior nas vendas para o Sudeste, Sul e Centro-Oeste do país. Com as lojas dessas regiões, temos uma distribuição muito mais ágil, humanizada e, consequentemente, clientes mais satisfeitos.

Outro papel importantíssimo é ser o ponto de experiência e tangibilidade da marca. Meu pai dizia que cada fachada de loja é um outdoor no shopping ou na rua de comércio onde atua. E quando um cliente entra numa loja, ele sente o aroma, ouve a música, toca nos produtos, é recebido e informado sobre produtos, serviços e promoções por uma equipe bem treinada. Percebe que passa por todos os sentidos além do visual?

Outro ponto é que a internet universalizou muito o mundo e generalizou as coisas. E, por outro lado, as pessoas querem pertencer. As marcas e os negócios que quiserem engajar seu público e seus clientes vão ter que criar um senso de comunidade. Portanto, a loja física será essa fonte de conexão dessa comunidade de acordo com a sua região e a cultura local. E as vendedoras, suas influenciadoras locais.

Quais os desafios na gestão de uma operação que abriga diversas marcas para diferentes públicos?
Atualmente o Grupo HOPE é multimarcas, multicanal e omnichannel, já que tem os canais integrados.

Temos três marcas, cada uma com sua razão de existir. Cada uma se propõe a resolver uma dor e trazer soluções para os seus clientes. O que elas têm em comum é o propósito do grupo, que é promover prosperidade. Uma empresa que tem esperança como nome acredita sempre em um futuro mais próspero e brilhante. E é isso que nos move.

O desafio na gestão das marcas é pensar e dar foco para cada uma individualmente, para que cresçam e ganhem cada vez mais *market share*. Obviamente os desafios de crescimento da HOPE são diferentes dos das marcas HOPE Resort e Bonjour, que, por serem marcas novas, têm muito potencial.

Outro aspecto para o qual o mercado deve olhar, em constante evolução por nós, do Grupo HOPE, são as iniciativas sustentáveis. Por atuarmos no setor têxtil e este ser responsável por uma indústria muito poluente, temos como missão reduzir o impacto ambiental causado pelo consumo dos nossos produtos.

De tudo que fabricamos e vendemos, 50% já é feito com tecido biodegradável, que se decompõe em até três anos, em vez dos cinquenta anos que levaria o tecido comum. Temos também o projeto social "Doe Esperança", de doação de peças íntimas usadas para pessoas em situação de rua. Mais uma vez, usamos as lojas físicas como pontos de coleta para que o lojista também participe desse movimento do bem – coletando essas peças, higienizando e distribuindo para comunidades locais.

Falando de futuro, o principal desafio que está no nosso radar é cada vez mais conectar pessoas e empreendedores com o Grupo HOPE. Entendemos que todos os stakeholders, colaboradores, fornecedores e clientes são embaixadores da companhia e ajudam a difundir o nosso propósito.

Dominamos a cadeia toda. Todo o processo, da peça piloto ao centro de distribuição, está no nosso controle. Ter fábrica própria se tornou um valor social importante, e a franquia é uma das maneiras de empreender com as nossas marcas. Mas estamos trabalhando em novas frentes muito promissoras para fazer valer nosso propósito, valores e cultura – estar ao lado das pessoas e dos negócios para que possam prosperar.

CAPÍTULO 8

Dados

A importância dos dados para o varejo não é exatamente uma novidade. O que ocorre é que lá no início das operações era tudo bem mais simples. Era o próprio dono do armazém que "armazenava" as informações sobre os clientes. A partir do histórico de compras, ele já sabia suas preferências. Além disso, por meio das conversas que ouvia pelo vilarejo, tinha uma boa noção sobre as condições financeiras de seus fregueses.

Para o controle dos pagamentos, também não havia grandes dificuldades. A boa e velha caderneta servia bem para anotar os débitos e os créditos. Como esses primeiros comerciantes tinham um bom tino para os negócios, mantinham a "contabilidade" do armazém sob controle. Anotavam certinho o que pagavam pela mercadoria e por quanto iriam vendê-la, considerando a margem de lucros.

Ainda que de forma intuitiva, as informações coletadas na praça e no balcão da loja também eram empregadas para planejar as compras e fazer a divulgação dos produtos. Assim, se era o momento da colheita, os itens necessários para a atividade deveriam estar em exibição.

O mesmo raciocínio era utilizado para incentivar as vendas em determinados períodos, como na venda da safra, nas mudanças das estações do ano, no dia de aniversário da cidade, no casamento da filha do prefeito, etc.

Esse exemplo mostra que a importância de captar dados e interpretá-los em prol do negócio já existia mesmo no início do varejo, quando não podíamos, nem de longe, falar em "varejo moderno".

Apesar da simplicidade dessas operações, podemos dizer que elas já contemplavam a premissa por trás do uso dos dados: entender as condições mercadológicas e, a partir daí, preparar ofertas mais assertivas, de acordo com a demanda do público.

No início do varejo, certamente não poderíamos falar em uma cultura de dados. Os dados eram empregados no dia a dia, mas a tomada de decisão era mesmo do dono do armazém, que usava para isso muito da sua experiência e, claro, da intuição.

Quem somos nós para falar mal de tal estratégia? Durante muito tempo, ela deu muito certo. O dono do armazém mantinha-se bem próximo dos clientes, conseguia saber o que precisavam e até mesmo antecipava suas demandas, porque estava por dentro de tudo o que acontecia na sua comunidade.

Dessa forma, ele mantinha certo controle também sobre a concorrência. De vez em quando, como quem não quer nada, passava na loja do vizinho para ver o que estava sendo oferecido, por quanto e se ele trazia alguma novidade.

E, quando percebia que alguns clientes estavam meio sumidos, logo ia atrás de informações. Estavam comprando na concorrência? Tinham viajado? Estavam doentes ou com problemas em casa? Enfim, não era muito difícil encontrar o motivo: bastavam alguns "dedos de prosa" com os clientes.

Quem é o meu freguês?

A situação do dono do armazém começou a complicar quando já não era mais possível captar dados diretamente da fonte. A cidade cresceu muito rápido, chegaram novos moradores, e ele não conseguia mais acompanhar a rotina de seus clientes.

No Brasil, a vida dos comerciantes ficou mais difícil por volta dos anos 1950. O processo de industrialização do país foi tardio, mas provocou mudanças importantes na estrutura do varejo.

Para começar, o balcão cedeu espaço às prateleiras. Com mais opções disponíveis, o consumidor queria ter liberdade para olhar tudo e escolher os produtos por si mesmo. Isso fez com que as mudanças de comportamento do consumidor se tornassem muito mais frequentes, e os varejistas tiveram que incorporar outras iniciativas ao dia a dia.

Para os varejistas de maior porte, que começaram a se multiplicar no período, e com a chegada de operadores internacionais, passou a ser ainda mais importante realizar pesquisas de mercado e obter *insights* que trouxessem decisões mais bem direcionadas para as diferentes estratégias necessárias para sustentar um negócio de sucesso.

Com o protagonismo assumido pelo consumidor (descrevemos esse processo no capítulo dedicado ao marketing), que foi ganhando força ao longo do tempo, coletar dados sobre os clientes passou a ser uma prioridade, bem como organizar as informações para dar mais objetividade às decisões estratégicas.

Como tudo no comércio gira em torno da demanda dos clientes, uma coisa leva à outra: se o cliente está satisfeito, ele se engaja com a marca, o que o faz comprar mais e promovê-la.

Isso nos leva a outro aspecto relevante sobre o uso de dados no varejo: eles são fundamentais e dão mais consistência para diversas frentes de negócio, como a estratégia de vendas, a gestão financeira, a gestão de vendas, a organização da loja e o sustento das iniciativas de marketing.

Por isso, faz um bom tempo que se argumenta a favor do desenvolvimento da cultura de dados. A atuação em mercados mais complexos é praticamente impossível se a empresa não der a devida atenção a essa tarefa.

É isso que está por trás do conceito de *data driven*, fundamentado na enorme quantidade de dados que podem ser obtidos nos diversos canais da empresa, além das informações provenientes diretamente das interações com os consumidores.

O objetivo é identificar o que traz resultado para o negócio e, assim, investir mais nessas rotas. Com o avanço das soluções digitais, quase tudo é mensurável – o desafio, então, não é fazer a captação, e sim localizar os dados mais importantes para transformá-los em *insights*.

Veja na figura a seguir como os dados podem ser aplicados em cada uma das frentes do negócio varejista.

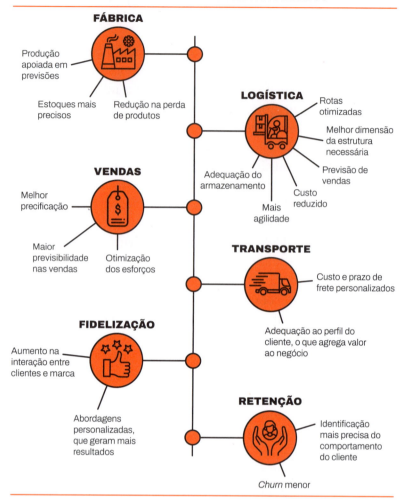

Fica evidente que, da fabricação dos produtos ao relacionamento com o cliente, o uso de dados permite que todo o ecossistema de negócios entenda melhor o comportamento dos consumidores e adapte produtos, serviços, prazos de entrega, padrões de atendimento e meios de pagamento para atender ao que o público espera e deseja obter.

Esse era um cenário impossível de descortinar no passado. Identificar se um cliente tinha sido perdido para a concorrência, por exemplo, só era possível *a posteriori*, quando ele já tinha deixado de visitar a loja por algum tempo.

Hoje, a análise dos dados permite identificar mudanças nos padrões de comportamento (redução do tíquete médio, diminuição da frequência de compra), que podem indicar problemas no relacionamento. Dessa forma, o varejo ganha o poder de agir proativamente em vez de tentar se recuperar de um prejuízo.

Dados e consumidor

Como vimos, a coleta de dados sobre o comportamento do consumidor é feita desde o início do varejo. Antes mesmo do dono do armazém fazer suas anotações na caderneta, já existiam os caixeiros viajantes, que passavam de cidade em cidade apresentando seus produtos. Ao organizar suas entregas, eles já levavam em conta o perfil dos clientes, o histórico de compras e as condições gerais que encontrariam em cada vilarejo.

Na etapa seguinte da evolução do setor varejista, grandes redes logo entenderam que precisavam manter os registros dos dados dos clientes devidamente atualizados. Afinal, só assim poderiam enviar a eles os catálogos com os produtos e comunicar suas novidades.

Contudo, nos anos 1970, atendendo à multiplicação dos canais de venda e do próprio volume de consumidores, chegaram ao mercado soluções tecnológicas desenvolvidas especificamente para esse fim.

Os primeiros sistemas informatizados surgiram para facilitar não apenas a captação de dados, por meio do envio de questionários, mas também a armazenagem e o processamento dessas informações.

O *database marketing* permitiu que as empresas passassem a fazer um trabalho de segmentação bem mais refinado e personalizar suas estratégias promocionais.

Foi a partir da evolução desses sistemas que chegamos aos softwares de CRM, hoje considerados essenciais para qualquer negócio de varejo, até mesmo os de pequeno porte.

A principal vantagem do CRM é viabilizar a automação do marketing, possibilitando que as empresas não só registrem as informações, mas principalmente avaliem melhor a qualidade de cada *lead* e as chances que existem de convertê-los em vendas.

Esses termos, que hoje fazem parte do dia a dia do marketing digital, estão presentes na rotina do varejo há muito tempo. O que tem mudado bastante é a forma de acesso aos dados, a quantidade disponível e, felizmente, a velocidade de processamento dessas informações.

O CRM, tal como o conhecemos hoje, também é importante para viabilizar a integração das estratégias, uma vez que hoje é possível, em um único sistema, registrar os dados dos clientes e fazer a gestão das vendas. As funcionalidades desenvolvidas nas últimas décadas permitem que as estratégias de relacionamento sejam realizadas com mais velocidade e assertividade.

Nesta era da omnicanalidade, passa a ser possível organizar todas as informações captadas sobre os clientes. Além dos dados referentes à sua identificação, também estão no CRM o histórico de compra e a forma como eles se relacionam com a empresa – via site, loja física, marketplace, etc.

Temos hoje diversos tipos de CRM disponíveis no mercado, incluindo as versões mais modernas, que fazem a integração com ERPs, sistemas de automação de marketing, gestão de vendas e outros.

Quando refletimos sobre a importância da captação de dados do consumidor, o desafio é fazer o cruzamento das diferentes fontes de informação. Assim, o varejo passa a ter em mãos tanto as informações mais básicas provenientes de um cadastro na loja como aquelas advindas do monitoramento das redes sociais, por exemplo.

Numa visão baseada em dados (*data driven*), é preciso trabalhar ainda com os dados relacionados às trocas de mensagens com a empresa e à sua movimentação nos canais digitais.

Devido à multiplicidade de informações disponíveis, chegamos à classificação atual entre dados estruturados, semiestruturados e não estruturados.

Além de entender os diferentes tipos de dados que podem ser empregados pelas empresas, a adoção da cultura de dados pelo varejo depende de algumas condições. A primeira delas é que a construção de uma filosofia *data driven* envolva a empresa como um todo, sem ficar restrita a uma área que atue de forma isolada. Os dados devem ser compartilhados e todos devem entender sua importância na elaboração das estratégias.

TIPOS DE DADOS

DADOS ESTRUTURADOS	DADOS SEMIESTRUTURADOS	DADOS NÃO ESTRUTURADOS
Estrutura **rígida** e previamente **planejada**	**Representação estrutural heterogênea** (não completamente desestruturados nem fortemente tipados)	**Sem estrutura** predefinida
Organização em **blocos semânticos (relações)** e definições de mesmas descrições para dados de um mesmo grupo **(atributos)**	**Autodescritivo** (esquema de representação junto com os dados)	Constituem **a maioria dos dados corporativos** (cerca de 90%)
Ex.: banco de dados	Ex.: XML, RDF, OWL	Ex.: relatórios, documentos, imagens, áudios, vídeos

O segundo aspecto é que vemos hoje uma subutilização das informações disponíveis. Por isso, é importante começar pelo básico e evoluir com o tempo, agregando mais inteligência ao processo. Essa é uma questão extremamente relevante, uma vez que as empresas costumam captar muitos dados via pesquisas e relatórios gerados pelos seus sistemas de venda, mas não conseguem extrair deles os *insights* necessários.

Voltando à questão da captação, hoje ela pode acontecer a partir de várias fontes. Alguns exemplos são apresentados a seguir.

Pesquisas
Com os novos recursos disponíveis, não há por que deixar de usar pesquisas para coletar informações de um público-alvo. Pela forma como são estruturadas, elas ajudam a entender as preferências dos consumidores, além de funcionar para a captação de dados não estruturados, como os possíveis comentários sobre determinado produto ou serviço.

Google Analytics
Bastante útil pela facilidade de integração, o Google Analytics permite que o varejo faça o monitoramento em tempo real do desempenho de um site, analisando quantas pessoas estão on-line, quais páginas são visitadas, quais as fontes do tráfego e qual a localização geográfica dos visitantes.

Landing pages

A criação de *landing pages* é simples e permite entender melhor as expectativas do público a respeito dos produtos e serviços que estão disponíveis. Nesse caso, pensando em melhorar a experiência do consumidor, vale incluir avaliações relacionadas ao atendimento, ao produto ou serviço e mesmo ao pós-compra.

Formulários de captação de *leads*

Esses formulários são muito úteis para iniciar o relacionamento com possíveis clientes, especialmente nos casos em que a empresa estabelece uma troca com o consumidor. A oferta de um material rico, como um e-book, é útil nesse caso. A proposta é estruturar bem as questões, de forma a obter dados suficientes para qualificar melhor cada cliente e, assim, dar sequência à sua abordagem.

Dados e privacidade

Antes de avançarmos para o uso de dados em outras frentes do negócio, é importante registrar a necessidade de adotar o devido cuidado em relação ao uso das informações coletadas sobre os clientes.

Mais do que o respeito à Lei Geral de Proteção de Dados (LGPD), o que está em jogo é a própria reputação da marca. Afinal, se o objetivo é construir relacionamentos com os clientes, o ideal é usar métodos adequados para obter as informações.

Vale lembrar que isso envolve não apenas as operações de captação realizadas pela empresa, mas também os parceiros que serão empregados para esse fim. Todos devem estar em compliance com a LGPD, que prevê que só podem ser usadas informações que forem autorizadas pelos usuários a serem processadas para determinado fim.

Não vamos entrar em todos os detalhes técnicos sobre a questão da privacidade, mas listamos aqui alguns pontos que precisam ser levados em conta:

- A proposta da LGPD é limitar o uso de dados dos consumidores pelas empresas, principalmente para evitar o mau uso das informações dos clientes.
- Em relação às bases legais, é preciso atentar para a questão do consentimento (a aprovação para uso dos dados deve ser

explícita por parte do cliente) e do chamado legítimo interesse. No último caso, o que está em pauta é a necessidade de respeitar os interesses dos consumidores.
- Outro aspecto importante é a segurança da informação. A LGPD ampliou a responsabilidade das empresas em relação a esse ponto. Para que isso se efetive na prática, é preciso contar com técnicas administrativas que garantam a proteção dos dados pessoais.

A visão do vendedor

Os dados mais significativos para os vendedores são os que permitem acompanhar os indicadores de vendas (KPIs). Os principais KPIs são os seguintes:

Número de visitantes do site

Quanto mais visitantes no site, maiores as chances de aumentar as vendas. É como acontece na loja física: se não há clientes no ponto de venda, o resultado não será positivo.

Muitas estratégias são formuladas justamente para levar novos consumidores para o ambiente on-line, como a publicação em redes sociais, o e-mail marketing e a divulgação em mídias off-line, buscando sempre conferir mais visibilidade para o site da empresa.

Para saber o número de visitantes do seu site, confira o Google Analytics. Essa ferramenta mostra a visitação em períodos de tempo definidos por você (tempo real, no dia anterior, na semana, no mês, etc.).

As plataformas de e-commerce também geram relatórios específicos para esse tipo de análise, como:

- visitantes;
- clientes cadastrados;
- e-mails cadastrados;
- pedidos.

Vendas

O número de vendas é um KPI muito importante. Como todo negócio tem como objetivo aumentar o seu faturamento, esse indicador é indispensável para as empresas.

Ao utilizá-lo, você pode analisar o total faturado ou o número de pedidos. É interessante que se tenha o controle de ambos, pois eles serão usados em outros indicadores, como veremos a seguir.

Taxa de conversão

A taxa de conversão é um indicador de desempenho que avalia como está a eficiência do seu site em transformar um visitante em um cliente. Para calcular esse valor, você deve ter dois dados em mãos: o número de visitantes e o número de pedidos do período que deseja analisar. A partir daí, o cálculo é feito da seguinte forma:

$$\textit{Taxa de conversão (\%)} = \frac{\textit{Número de pedidos}}{\textit{número de visitantes no site}} \times 100$$

Custo de aquisição de clientes (CAC)

Diferentes estratégias podem ser utilizadas na busca de novos clientes para a marca. O time de marketing domina diversas ferramentas e coloca toda a sua experiência em prática para alcançar seus objetivos.

Porém, se várias ações são tomadas e cada uma delas apresenta um investimento, como saber qual tem apresentado os melhores resultados? Com o CAC, ou custo de aquisição de clientes.

O CAC avalia o valor que foi investido nas diversas ações para converter um *lead* em cliente. Para calcular esse indicador, devemos obter o total investido e a quantidade de novos consumidores conquistados no período. Vejamos a fórmula:

$$CAC = \frac{\textit{total de investimento feito na estratégia}}{\textit{número de novos clientes gerados}}$$

Dessa forma, você pode comparar os resultados de diferentes estratégias para encontrar as melhores opções e definir, assim, o que deve ser priorizado.

Tíquete médio

O tíquete médio é um indicador de desempenho que avalia quanto, em média, cada cliente gasta na loja. Para calcular esse KPI, precisamos conhecer o faturamento do período de análise e a quantidade de pedidos. Com esses dados em mãos, calculamos o tíquete médio da seguinte forma:

$$Tíquete\ médio = \frac{faturamento\ total}{número\ de\ pedidos}$$

Com o tíquete médio e o CAC, mostrado no tópico anterior, podemos construir uma boa análise: se o valor do CAC for maior que o tíquete médio, isso significa que você está gastando mais para atrair um cliente do que ele realmente está gastando no seu e-commerce.

Tempo de vida do cliente (LTV)

O tempo de vida do cliente, ou *lifetime value* (LTV), é o potencial de venda de um cliente para a marca ao longo do tempo. No tópico anterior, vimos que ter um CAC maior do que o tíquete médio significa que você está gastando mais para atrair um cliente do que ele investe em sua loja.

Mas há uma observação a se fazer nesse contexto: em alguns negócios, gasta-se mais para atrair um cliente do que ele realmente investe em uma primeira compra. Porém, nas compras recorrentes, esse investimento se torna interessante — como é o caso dos planos de assinatura.

Para calcular o LTV, basta conhecer o tíquete médio e o tempo médio que seus clientes permanecem na sua carteira. A fórmula é a seguinte:

$$LTV = tíquete\ médio \times número\ de\ repetições\ de\ vendas \times tempo\ médio\ de\ retenção\ do\ cliente\ com\ a\ marca$$

O LTV é um indicador diretamente ligado à satisfação dos seus consumidores. Um cliente satisfeito fará compras recorrentes, enquanto aquele que não teve uma boa experiência procurará a concorrência.

Retorno sobre investimento (ROI)

O retorno sobre investimento, ou ROI, é um dos principais indicadores de desempenho para qualquer tipo de negócio. Ele permite identificar quais foram os resultados de diferentes ações no período estabelecido.

Suponhamos que você deseje aumentar o número de visitantes no site e, para isso, lance uma campanha patrocinada nas redes sociais. Nesse período, você realmente levou mais consumidores até sua página e aumentou as vendas.

Mas, em outra ocasião, você investiu em campanhas de marketing off-line, com divulgação de panfletos, criação de outdoor e outros materiais. Como saber qual das duas ações trouxe melhores resultados?

É preciso calcular o ROI de cada estratégia para avaliar qual trouxe mais retorno. Para isso, levante todo o investimento feito em cada ação e seu retorno em vendas. Siga a fórmula:

$$ROI(\%) = \left[\frac{(retorno\ do\ investimento - total\ de\ investimento\ da\ ação)}{total\ de\ investimento\ da\ ação}\right] \times 100$$

Entrevista: Ricardo Pinto

CMO e chefe de e-commerce da Probel Colchões

Quais as principais mudanças que aconteceram na Probel impulsionadas pelo processo de digitalização das vendas?
A principal mudança, sem dúvida alguma, foi a cultura da empresa. Normalmente, as indústrias são bastante conservadoras, e as fabricantes da marca Probel ajudavam a puxar essa média ainda mais para cima.

O olhar para o cliente final e para novas formas de fazer negócio, com a digitalização das relações de consumo, estimulou evoluções significativas nas áreas de logística, tecnologia, desenvolvimento de produtos e processos no chão de fábrica.

Quais os maiores desafios na execução de uma estratégia digital, considerando a realidade de empresas que atuam como uma rede de distribuidores?

Até há pouco tempo eu acreditava que a tecnologia seria a maior barreira para integrar todos os canais. Hoje, com um pouco mais de experiência, percebo que a comunicação é muita mais decisiva e pode inviabilizar uma estratégia omnichannel.

Refletindo sobre o papel da cadeia, o omnichannel precisa estar muito bem organizado para não haver atropelo de nenhuma das partes. O varejo e a indústria possuem papéis protagonistas diferentes e muito complementares para o sucesso de toda a cadeia. A saída é caminhar juntos, mas a indústria precisa assumir a liderança e ter o protagonismo de um projeto ganha-ganha eficaz; para isso, deve disponibilizar tecnologia, ferramentas, conteúdo, a força da marca, e fortalecer cada vez mais a construção da marca dentro do digital.

É importante entender que os ganhos financeiros em uma parceria omnichannel não são os mesmos que os do varejo físico, e também não são os mesmos para o fabricante em uma operação D2C, por isso a estratégia precisa estar muito bem organizada e ser clara para todos.

Refletindo sobre omnicanalidade, como você enxerga o futuro?

Entendo que a omnicanalidade é um caminho sem volta. Quem ainda não fez a transformação digital precisar fazer logo, sob pena de pagar um alto preço. Isso não quer dizer que o varejo físico vai acabar ou vai reduzir; pelo contrário, o varejo que também estiver no on-line não só vai continuar forte como se fortalecerá ainda mais.

O cliente quer ter a liberdade de encontrar e interagir com a marca em todos os lugares possíveis, experimentar, tirar dúvidas, fechar pedidos, fazer trocas, etc. Hoje temos muito claro que o cliente quer começar em um canal, passar por um segundo, fechar a compra em um terceiro, quarto, enfim, estamos falando de um ambiente que tem muito mais flexibilidade, em todos os sentidos.

CAPÍTULO 9

ESG

É possível pensar o neovarejo sem uma agenda ambiental, social e de governança (ESG) bem definida? A resposta é não. O debate sobre ESG pode ter começado em círculos restritos, como o dos ativistas ambientais ou mesmo dos filantropos, mas alcançou agora uma dimensão bem diferente.

O eixo dessa transformação é o comportamento do consumidor. E a relevância conquistada pelo assunto tem relação direta com a chegada das novas gerações ao mercado de consumo.

Diferentemente de outros grupos, os millennials e a geração Z encontraram um cenário no qual as questões ambientais e sociais estão mais em evidência, pelos impactos gerados no dia a dia da população.

Mais conscientes sobre a responsabilidade das empresas nessa história, essas gerações têm sido incisivas nas cobranças em relação ao posicionamento assumido pelas marcas.

Vale lembrar que esses grupos também formam os quadros que trabalham ou vão trabalhar nas empresas. Ou seja, não se trata apenas de ter um discurso para abordar o consumidor. É cada vez mais necessário apresentar propostas concretas para conquistar e engajar os colaboradores. Além disso, a abordagem dessas questões é essencial para que a empresa consiga atrair talentos e renovar suas equipes.

Ainda temos que considerar a influência da tecnologia nessa história: pessoas mais conectadas e bem informadas têm conseguido fazer exigências mais certeiras sobre as condições de atuação das empresas. Essa situação se reflete no retorno financeiro das companhias, mudando significativamente o tom das discussões sobre ESG.

Se no passado ainda se perguntava quem iria pagar a conta da sustentabilidade, hoje a conversa é outra. Empresas com propostas bem formuladas têm conseguido elevar a proposta de valor de seus produtos e serviços.

Dependendo da categoria de produtos, o consumidor está disposto a pagar mais por produtos ambiental e socialmente responsáveis, justamente porque entende que a marca faz uma entrega diferenciada em sua categoria de produtos e que esse esforço deve ser recompensado.

Outro aspecto relevante nesse debate: vários estudos têm demonstrado que o mercado financeiro tende a ser mais generoso com as empresas devidamente alinhadas à pauta ESG.

Alguns dados que confirmam isso:

- Segundo estudo da consultoria McKinsey (2014), se as práticas ESG forem bem executadas, o lucro operacional das empresas pode crescer até 60%.
- Um relatório global da consultoria EY (2020) confirma que os investidores estão intensificando o jogo quando se trata de avaliar o desempenho das empresas com base em fatores não financeiros. No geral, 98% dos investidores pesquisados declararam avaliar o desempenho não financeiro.
- Um estudo da consultoria Accenture (2019) para o Pacto Global da ONU, conduzido com mais de 1.200 CEOs de grandes organizações, indica que, nos últimos cinco anos, investidores saíram da oitava para a terceira posição entre os agentes que mais cobram o desenvolvimento sustentável da cadeia de suprimentos.
- O mesmo estudo (Accenture, 2019) aponta ainda um salto de 12 pontos porcentuais no engajamento da população (85%) nesses temas nos últimos dois anos.
- Nos últimos oito anos, as companhias que fazem parte do Índice de Sustentabilidade Empresarial (ISE) da B3 tiveram um crescimento acumulado de 61%, contra uma queda de

4% no faturamento total das empresas presentes na Bolsa (Villalba *et al.*, 2022).

Em resumo:

- ESG é necessário para atrair e reter talentos.
- ESG é parte da matriz da decisão de compra dos consumidores.
- ESG já é pauta obrigatória para investidores.

Definições básicas

Antes de abordarmos como o conceito de ESG deve ser aplicado ao varejo, vale uma análise um pouco mais detalhada sobre o que está por trás dessa sigla. Isso ajuda a compreender por que não se deve simplesmente associar o conceito às boas práticas ambientais, sociais e de governança.

Environmental

O "E" tem relação com as questões ambientais, mas não se trata, como acontecia no passado, de simplesmente apoiar causas ambientais. A proposta é ter uma análise mais abrangente sobre o impacto gerado pela produção, distribuição e venda de produtos.

Estamos nos referindo à energia que a empresa consome e ao que ela gera em termos de resíduos. De quais recursos ela precisa? E quais são as consequências disso para os seres vivos?

Trazendo isso para o dia a dia, o "E" compreende, por exemplo, as emissões de carbono e seus efeitos para a mudança climática. O principal, então, é considerar que toda empresa usa energia e recursos e, por isso, a sua atuação afeta e é afetada pelo meio ambiente.

Social

O "S" representa o critério social e, portanto, diz respeito às relações da empresa com pessoas e instituições nas comunidades onde faz negócios. Internamente, é nessa dimensão que são tratadas as questões trabalhistas e, como exigem os novos tempos, os assuntos relacionados à diversidade, equidade e inclusão (DE&I).

Os programas de DE&I são um dos pontos centrais na adoção do conceito de ESG e partem justamente do entendimento de que todas as empresas atuam em uma sociedade ampla e diversa. Portanto, devem desenvolver ações comprometidas com o ideal da inclusão.

Governance

Num ambiente corporativo mais complexo, o "G", que contempla os critérios de governança, é considerado primordial. Afinal, para que a empresa consiga operar conforme as melhores práticas de mercado, ela precisa de um sistema interno de ações, controles e procedimentos que a ajudem a tomar decisões eficazes, seguir a lei e atender às necessidades dos stakeholders externos.

Quando pensamos, por exemplo, nos impactos financeiros da adoção do ESG, é importante que os objetivos sejam devidamente compartilhados com os colaboradores, com o público externo e, se for o caso, com os acionistas.

No estudo da McKinsey (2014) que citamos anteriormente, as práticas ESG são relacionadas com o fluxo de caixa a partir de cinco pontos que devem fazer parte de uma espécie de checklist mental dos gestores:

- Facilitar o crescimento de receita.
- Reduzir custos.
- Minimizar intervenções regulatórias e legais.
- Aumentar a produtividade dos funcionários.
- Otimizar investimentos e gastos de capital.

ESG e varejo

Iniciamos este capítulo refletindo sobre a impossibilidade de pensar o neovarejo sem a adoção das práticas ESG. Simplesmente não faz sentido imaginar que o setor responsável pelo contato direto com o consumidor possa ignorar a necessidade de estar alinhado a esses critérios ambientais, sociais e de governança.

Mesmo que a direção da empresa decida se esquivar do assunto, dificilmente conseguirá ter sucesso sem se posicionar diante dos seus colaboradores e da opinião pública.

Tanto é verdade que se tornaram mais incisivas as cobranças em relação à responsabilidade dos varejistas quanto à origem dos produtos. Ou seja, não se aceita mais que eles tentem direcionar esse assunto apenas para a indústria.

A ideia, aliás, é que o varejo, como principal empregador do país, assuma a responsabilidade de promover o debate sobre os temas vinculados às questões ambientais e sociais, ajudando no processo de transformação da sociedade.

Quando se pensa em desenvolvimento social e econômico, o varejo tem um papel fundamental, na medida em que os novos modelos de negócio favorecem a geração de renda e de postos de trabalho.

No caso do Brasil, como citamos no capítulo sobre franquias, existem inúmeras oportunidades para que os empreendedores possam crescer e organizar seus negócios a partir dos critérios ESG.

Para que grandes e pequenas operações consigam se desenvolver plenamente, é necessário ter esse olhar mais atento às práticas ESG. Por isso, é primordial que o conceito seja incorporado à missão, visão e valores das empresas.

O primeiro aspecto a ser considerado é que, nesse novo ambiente, a empresa não tem como prosperar de forma isolada. Ela faz parte de uma comunidade e, como tal, impacta e é impactada pelo meio ambiente.

Assim, para além do lucro imediato, é importante que cada operação avalie não apenas seus processos internos, de produção e de distribuição, como também os de toda a cadeia que envolve o seu negócio.

Será que há condutas negativas entre os colaboradores? E será que todos os fornecedores têm uma postura adequada no tratamento de seus colaboradores e no que concerne aos cuidados com a sustentabilidade?

Uma mudança importante, vale enfatizar, é que hoje essas questões não podem mais ser vistas como empecilhos à geração dos lucros. Bem pelo contrário: está muito claro que a falta de investimentos nessas áreas pode causar enormes prejuízos à reputação da marca.

Resulta daí a preocupação de que não basta adotar boas práticas: elas devem ser devidamente mensuradas e expostas, porque agora compõem as bases do modelo de negócio.

Informações dessa natureza (como o "G" do ESG) devem ser sistematizadas e acompanhadas, pois a proposta é que sejam implementados códigos de conduta para todas as frentes. A partir daí, as empresas obterão o compliance e as certificações necessárias para que sejam percebidas externamente como respeitadoras dos padrões ESG.

Um relatório da S&P Global Ratings (2019) apresenta práticas ESG de empresas varejistas e os riscos associados ao não seguimento dessas ações em outras áreas. A Amazon, por exemplo, é citada em razão de seus complexos negócios próprios de logística de transporte global, que enfrentam riscos de custos ambientais de longo prazo. Pesa, nesse caso, o fato de que a empresa deverá lidar com regulamentações mais rígidas de emissões de gases de efeito estufa.

A situação deve ser considerada por todas as empresas que estão fazendo a consolidação de suas operações omnichannel, uma vez que podem enfrentar dificuldades no longo prazo.

Ainda para ficar entre as marcas que são referências mundiais, o mesmo relatório (S&P Global Ratings, 2019) indica o caso da Starbucks, que tem procurado gerenciar os fatores ESG enquanto expande sua rede de lojas físicas. Nesse caso, a empresa leva em conta os investimentos feitos para o treinamento de funcionários de linha de frente, além da oferta de benefícios, e destaca-se em comparação com outras redes de *food service*.

Outro aspecto importante são os investimentos em produtos de origem ética e as práticas agrícolas sustentáveis para café e chá, amplamente divulgados aos clientes. Também nessa frente ambiental, a melhora na percepção da marca perante seus clientes é creditada aos esforços para incentivar o uso de copos recicláveis e a oferta de descontos em materiais reutilizáveis.

No campo social, a mudança de posicionamento da Victoria's Secret é emblemática. Reconhecendo que demorou para aderir às pautas de DE&I, a marca fez uma alteração radical em sua atuação.

Na comunicação, as *angels* (modelos magérrimas em trajes mínimos que sempre foram símbolo de glamour para a marca) saíram de cena, abrindo caminho para mulheres reais, responsáveis por representar diversos segmentos da sociedade e, principalmente, expressar o empoderamento feminino.

Nas lojas, além de novas linhas de produtos voltadas para o dia a dia do público feminino, incluindo lingerie para gestantes, as mudanças chegaram ao projeto visual, com espaços mais leves e, claro, diversos – com manequins em diversos formatos e tamanhos, abandonando-se de vez o padrão de beleza imposto pela figura das *angels*.

Trabalhar para quem?

Não é novidade que mudanças significativas aconteceram na configuração das relações trabalhistas. A automação de muitas tarefas, graças à evolução da tecnologia, é uma das transformações mais visíveis, mas outros processos ocorrem de forma mais silenciosa.

A adoção do conceito de ESG é vista como uma das formas das empresas driblarem as dificuldades enfrentadas na retenção de talentos. Elas têm que lidar com colaboradores mais resistentes a permanecer por muito tempo num mesmo lugar, o que é um complicador quando se avaliam os investimentos realizados no treinamento da mão de obra. Uma questão particularmente delicada quando falamos de profissionais preparados para atuar em ambientes mais complexos.

Estudos realizados nessa área também indicam a pandemia da covid-19 como um ponto de inflexão nessa história. Diante dos problemas enfrentados, muitos profissionais mostram-se mais preocupados em garantir o seu bem-estar, o que significa, em muitos casos, analisar com mais atenção onde e quando vão trabalhar.

No mundo corporativo, já há algum tempo se fala na Great Resignation (Grande Demissão), ou Great Reshuffle (Grande Reorganização). É de olho nesse tipo de movimentação que líderes globais têm procurado rever modelos de trabalho e as próprias bases de suas respectivas culturas empresariais.

A proposta é que as novas premissas, por demanda dos profissionais, sejam cada vez mais focadas na humanização das relações. Isso porque, como pesquisas nessa área têm confirmado, os colaboradores consideram o equilíbrio entre a vida pessoal e profissional como fator decisivo para se manterem em determinada organização – esse aspecto aparece à frente de remuneração e benefícios oferecidos pela empresa.

É interessante observar que nos últimos anos houve inclusive uma inversão nas prioridades: o desafio não é mais transformar o ambiente de trabalho em algo mais doméstico (com salas de descanso, área de lanches, sala de jogos, etc.), e sim organizar a casa para que ela possa ser usada como escritório, como aconteceu durante as medidas de isolamento social.

A construção de novos aprendizados, bem como o uso de todo o seu potencial, figura entre os fatores valorizados pelas novas gerações que estão chegando ao mercado de trabalho.

Assim como em outras esferas da sociedade, o que se enxerga para o desenvolvimento dessa área são ambientes muito mais fluidos, nos quais as empresas entendam a importância de investir, por exemplo, na economia circular de talentos. Com isso, os investimentos no desenvolvimento de novas habilidades serão feitos pensando na mobilidade que pode ocorrer dentro e fora da empresa.

Nesse cenário mais flexível, é importante lembrar que o ex-funcionário pode ser um cliente, um fornecedor ou um parceiro de negócio. O fato de ele não permanecer na empresa não significa que não possa contribuir, de alguma maneira, para o seu sucesso.

Retomando a ideia do ESG: atuar na formação de mão de obra deve ser visto como algo coletivo, uma forma de contribuir para a evolução do mercado de trabalho. Nessa mesma linha, é importante pensar que hoje as pessoas não querem trabalhar **para** determinada empresa, e sim **com** ela. Essa questão tem despontado em vários estudos que analisam as perspectivas para o mercado de trabalho.

Quando olhamos para o neovarejo e para as transformações que marcam a sua configuração, parece claro que os gestores devem se preparar para essa nova realidade do mercado de trabalho.

Diante de um cenário de mudanças inevitáveis, o desafio é concentrar esforços nesse processo de revisão dos modelos de atuação. Isso é necessário não apenas para atender o consumidor, mas também para formar e reter bons quadros profissionais.

Para quem ainda acredita que poderá ter prejuízos financeiros com isso, vale atentar para as informações divulgadas no relatório *Resilient Management in the Age of Responsible Retail*, da Accenture (2020):

- 25% dos indivíduos que experimentaram injustiça por meio de discriminação no trabalho dizem que sua experiência os

desencoraja fortemente de recomendar seu empregador a outros funcionários em potencial.
- As empresas estão pagando milhões de dólares para resolver ações judiciais relacionadas a práticas discriminatórias de contratação.
- 64 bilhões de dólares é o custo estimado para perder e substituir os mais de dois milhões de trabalhadores americanos que deixam seus empregos a cada ano devido à injustiça e discriminação.
- As empresas dos Estados Unidos estão deixando 1,05 trilhão de dólares na mesa por não serem mais inclusivas. Essa oportunidade financeira perdida ocorre por haver um número ainda insuficiente de empresas priorizando a inclusão.

Por outro lado, ainda com base no relatório da consultoria (Accenture, 2020), os ganhos são relevantes para quem avança nessa frente:

- Cada aumento de 1% na taxa de diversidade de gênero resulta em um aumento de aproximadamente 3% nas receitas de vendas.
- Um estudo recente de longo prazo atribuiu cerca de 25% do crescimento do PIB *per capita* a uma força de trabalho mais inclusiva e diversificada.
- Equipes diversificadas inovam e superam a concorrência, sendo 45% mais propensas a melhorar a participação da empresa no mercado.
- Líderes que dão a diversos funcionários tempo igual de atenção e oportunidade de falar fazem com que os funcionários tenham 3,5 vezes mais probabilidade de contribuir com seu pleno potencial inovador e produtividade.

Práticas sustentáveis

Refletindo sobre a condição atual do varejo no Brasil no que diz respeito às medidas adotadas na área ambiental, é preciso reconhecer que as boas práticas têm evoluído, ainda que não aconteçam na velocidade que a sociedade espera.

Responsável por alavancar o crescimento do varejo nacional há muitos anos, o segmento de vestuário é um dos que devem acelerar os investimentos para se reposicionar. Afinal, trata-se da segunda indústria mais poluidora do mundo (Luz, 2022), responsável por 8% das emissões de gás carbônico e por gerar 175 mil toneladas de resíduos têxteis por ano no país, segundo a Associação Brasileira da Indústria Têxtil e de Confecção (Abit).

Em todo o mundo, consumidores e movimentos ativistas têm cobrado um posicionamento da indústria em relação ao emprego dos recursos naturais e à busca de alternativas para reduzir o impacto no meio ambiente e no campo social.

Grandes indústrias têm anunciado mudanças nessa área, e essa movimentação é devidamente acompanhada pelo varejo. Nos últimos anos, a Riachuelo e a Renner, por exemplo, inauguraram lojas sustentáveis, com matriz energética renovável, estrutura ecológica, linhas de produtos verdes certificados e plataformas para circularidade.

O objetivo é que os projetos dessa natureza ganhem cada vez mais escala, até em razão do retorno financeiro. Na Renner, a remuneração dos executivos está atrelada às metas ESG do plano de negócio. Faz sentido, até porque a empresa é a líder do varejo no Índice Dow Jones de Sustentabilidade, que mede as práticas em empresas de capital aberto.

No dia a dia, as grandes redes varejistas têm assumido compromissos com a área ambiental, estabelecendo metas, por exemplo, para neutralizar as emissões de carbono. Estudam também investir em projetos que promovam a circularidade, cuidando da extensão do ciclo de vida dos produtos, o que abre oportunidades para o mercado de artigos usados (*secondhand retail*).

Várias lojas oferecem hoje opções para o descarte de peças, revenda ou mesmo doação, num esforço para fazer a sua parte na diminuição dos resíduos.

O importante, neste momento em que a agenda ESG ganha mais relevância, é compreender que as iniciativas devem ser vistas como prioritárias para que o varejo esteja alinhado com esse novo ambiente corporativo, mas também sob a perspectiva de que se trata de algo vital para o ecossistema empresarial e macroeconômico.

Os programas de DE&I

No caso das políticas de diversidade, equidade e inclusão (DE&I), ainda há muito a ser feito, mas o varejo tem procurado avançar nessa frente por meio de processos seletivos e planos de carreira que contemplem os segmentos que ainda são sub-representados.

Pela dimensão dos negócios da empresa no país, teve bastante repercussão a iniciativa do Magalu de lançar um programa de trainees exclusivamente para negros. Atendendo aos requisitos de uma boa ação afirmativa, o processo seletivo procurou se adequar à realidade dessa parcela da população, excluindo exigências como fluência na língua inglesa e experiência, consideradas barreiras para a entrada dos negros no mercado de trabalho.

Ainda nessa linha, as ações de DE&I do Magalu não se limitam ao programa de trainees, contemplando o desenvolvimento de atividades como a criação de um grupo de afinidade, responsável por validar as iniciativas da empresa nessa frente.

A despeito da polêmica gerada pela iniciativa, ela vai ao encontro das premissas dos programas de DE&I, uma vez que o objetivo é justamente avaliar a diversidade dos quadros das empresas e atuar para ampliar a participação das minorias.

Um dos conceitos empregados nessa área é justamente o da intencionalidade, importante para corrigir distorções como a falta de representatividade de determinados grupos. Essa intenção deve estar presente na elaboração das políticas, pois o intuito é promover a inclusão para contar com um ambiente mais diverso e, portanto, representativo da sociedade atual.

A estimativa é que até 2025 os millennials serão 75% da força de trabalho no mundo, e, vale lembrar, eles se engajam muito mais quando acreditam que a empresa promove uma cultura inclusiva.

Entendida a importância do conceito de ESG, vamos detalhar o que pode ser feito para incorporá-lo aos negócios.

Mapeamento de riscos

Considerando os diversos estudos realizados sobre o assunto, as empresas já têm condições de mapear os riscos para suas atividades e avaliar quais aspectos devem ser aprimorados para que elas possam reduzir seus impactos na área ambiental e tornar-se mais sustentáveis do ponto de vista social.

Uma boa forma de levantar os pontos prioritários a serem trabalhados é a partir dos 17 objetivos de desenvolvimento sustentável (ODS) definidos pela ONU:

Projetos específicos

Devem ser desenvolvidos projetos específicos para a mensuração das práticas no dia a dia, de forma que se possa não apenas promover os ajustes necessários no curto, médio e longo prazo, mas também criar uma comunicação efetiva sobre o assunto.

O que se percebe no cotidiano é que o investimento em educação pode ser muito significativo para os resultados alcançados, na medida em que se obtém o devido engajamento das comunidades nas quais a empresa atua.

Em algumas frentes, é mais fácil chegar aos indicadores adequados, que são questões mais quantificáveis. Por exemplo, em relação à diversidade, os levantamentos realizados pelo RH ajudam a operação a entender a composição de seus quadros de colaboradores e como evoluir.

O mesmo raciocínio é válido para a área ambiental, a partir dos dados referentes a uso de água, emissão de carbono, produção de resíduos e outros pontos.

É essencial ter metas para essa área, assim como acontece em outras frentes da empresa, com objetivos e prazos definidos. A partir daí, torna-se possível definir os recursos que serão necessários, bem como as ações.

Quando se reflete sobre a responsabilidade do varejo no processo de transformação da sociedade, fica evidente que o segmento pode fazer muita diferença, até pela facilidade em firmar parcerias, incentivar fornecedores e prestadores de serviços e alinhar os objetivos com os demais integrantes da cadeia de produção.

Comprometimento

O comprometimento com a agenda ESG deve começar pela liderança das empresas, para que iniciativas nessas áreas deixem de ser pontuais e sejam incorporadas à cultura empresarial.

Na elaboração das estratégias, contudo, a recomendação básica é usar o contato com o consumidor no dia a dia para entender melhor suas demandas. Além desse feedback a partir de interações espontâneas, melhorias dependem também da realização de pesquisas para identificar oportunidades de evolução.

Humanização

Em meio a todo o processo de transformação digital da sociedade, nunca foi tão importante valorizar o capital humano, que é o principal recurso das empresas para conseguir atender às demandas do mercado consumidor – que, não custa lembrar, também é formado por pessoas.

Pode parecer um tanto óbvio fazer referência à necessidade de humanização das relações empresariais, mas esse aspecto muitas vezes é deixado em segundo plano pelos gestores.

Os bons relacionamentos comerciais, independentemente da esfera onde acontecem, aproximam-se cada vez mais do que acontece nas relações pessoais.

As marcas, porém, só conseguirão transmitir esses valores para seus clientes se eles fizerem parte de sua cultura empresarial, o que envolve a forma como as equipes interagem entre si e com os diversos públicos que compõem o ecossistema do negócio.

CAPÍTULO 10

Metacommerce e inteligência artificial

Em 2021, uma nova palavra passou a fazer parte do vocabulário do marketing, da tecnologia e dos negócios: metaverso. É a ideia, lançada por Mark Zuckerberg, fundador do Facebook, de um mundo digital altamente imersivo no qual as pessoas possam, por meio de um avatar, realizar tudo o que fazem no mundo físico: interagir com pessoas, visitar lugares, fazer compras, acessar serviços, resolver problemas cotidianos.

Para o varejo, o metaverso representa algo muito interessante. Um novo mundo de possibilidades ganhando vida – essa pode ser uma definição adequada para o metacommerce. O principal apelo é o aprimoramento da experiência de compra, agora em um ambiente imersivo e muito mais dinâmico.

Longe dos cenários criados pela ficção científica, ainda presentes no imaginário de muitas gerações, os grupos de consumidores formados pelos millennials e pela geração Z já vivenciam a atmosfera do metaverso por meio dos games. Para eles, não é estranha a ideia de transitar em ambientes virtuais por meio de um avatar e, assim, aproveitar todos os recursos proporcionados pela realidade virtual e realidade aumentada.

Para essas gerações, aliás, as experiências no virtual são tão relevantes quanto as que ocorrem no mundo físico. Não existe uma separação nítida entre on-line e off-line: eles estão "all-line" e transitam sem problemas do físico para o digital e vice-versa. Até por isso é natural que levem para além do físico várias de suas atividades cotidianas.

Do ponto de vista do neovarejo, não temos dúvidas: o metacommerce materializa demandas latentes hoje no mercado, como a necessidade das empresas trazerem cada vez mais experiências para o momento de compra.

Uma das premissas da omnicanalidade é a diminuição da distância entre o físico e o digital, por isso tem prevalecido o emprego do termo "híbrido" para descrever essas operações. Nesse sentido, o metacommerce passa a ser um dos caminhos para deixar o e-commerce mais interativo, facilitando o processo de seleção de produtos.

Ainda há muito a ser discutido sobre como será a execução das estratégias, mas o que nos interessa neste momento é constatar que a navegação nesses ambientes de terceira dimensão amplia bastante as possibilidades para as empresas na venda de produtos físicos e digitais.

Por que o metacommerce é importante?

Refletindo de forma mais pragmática sobre a importância do metacommerce, o primeiro aspecto a ser considerado é a urgência que o varejo tem em responder às demandas das novas gerações. Esse é um caminho que deverá ser trilhado pelas marcas, e, portanto, não há como ignorar a necessidade de construir aprendizados sobre o assunto.

Nesse caso, quem sai na frente tende a ganhar vantagem competitiva, uma vez que tem mais tempo para se adequar aos novos recursos (fazendo o aporte necessário de investimentos) e desenvolver estratégias mais apropriadas.

Isso responde a uma das questões mais frequentes sobre o tema: será que é preciso pensar no metaverso agora? É um erro acreditar que, por conta dos muitos desafios que ainda teremos pela frente para viabilizar o metaverso, seja possível adiar os aprendizados necessários sobre o assunto.

As condições tecnológicas têm evoluído rapidamente, e muitas experiências estão sendo realizadas com sucesso e com aportes consideráveis de recursos.

A nosso ver, como se trata de um campo extremamente importante para as marcas, saber como se posicionar nesse ambiente pode influenciar fortemente os resultados futuros dos negócios – independentemente da plataforma onde serão gerados.

O QUE MUDA NO E-COMMERCE COM O METAVERSO?

E-COMMERCE	VS	METAVERSO
CENTRALIZAÇÃO	-----	DESCENTRALIZAÇÃO
PAGAMENTOS DIGITAIS	-----	NFTs/*BLOCKCHAIN*
SOCIAL MEDIA & *LIVE COMMERCE*	-----	COMUNIDADES E GAME
CONTEÚDOS EM VÍDEO (2D)	-----	CONTEÚDOS IMERSIVOS 3D
EMPRESAS CNPJ	-----	DAOs
NÃO DEPENDE DE 5G	-----	DEPENDE DE 5G
GDPR/LGPD	-----	NÃO TEM REGULAMENTAÇÃO
PRODUTOS E SERVIÇOS	-----	PRODUTOS E SERVIÇOS
NAVEGAÇÃO ESTABELECIDA	-----	NAVEGAÇÃO ESTABELECIDA

Fonte: adaptado de E-Commerce Brasil (2022).

Essa dimensão mais interativa e imersiva, proporcionada pelo emprego dos recursos da realidade virtual, não é exatamente uma novidade para as novas gerações, mas é uma inovação que transforma a cultura das empresas.

Os jovens, adolescentes e crianças têm lidado com ambientes virtuais há um bom tempo no mundo dos games. Criar avatares, comprar ativos virtuais e interagir com outras pessoas em comunidades virtuais faz parte do seu repertório.

É claro que, no caso dos jogos, a proposta está baseada na simulação virtual. Espera-se muito mais do metaverso, como a integração de diversos ecossistemas e o desenvolvimento de sensores mais potentes para explorar todos os sentidos – não apenas os visuais.

Contudo, o importante agora é entender essa movimentação, até mesmo para planejar as inovações que serão necessárias no modelo de negócio das empresas, para que elas estejam aptas a usufruir todo o potencial desses recursos.

O futuro chegou!

Mesmo no Brasil, com todas as limitações em termos de qualidade de conexão para a maioria da população, a adesão ao metaverso evolui rapidamente.

Um levantamento realizado pela Kantar indica que 6% dos brasileiros que usam internet já transitam por alguma versão do metaverso, considerando ambientes virtualizados como o Second Life ou World of Warcraft (Kantar Ibope Media, 2021).

Como se pode imaginar, esse grupo tem hábitos de consumo bem diferentes do total da população e está bem familiarizado com os avanços da tecnologia:

- 29% dos usuários de ambientes virtuais possuem dispositivos de realidade virtual (óculos, Samsung Gear VR, etc.);
- 42% têm smartwatch;
- 24% possuem dispositivos inteligentes ativados por voz (iluminação, smart speaker, etc.).

Para as marcas interessadas em explorar melhor esse ambiente para a publicidade, um alerta: esse público é mais exigente no que diz respeito à forma como são abordados.

Um exemplo: 78% dos usuários de ambientes virtuais preferem ver anúncios relacionados ao conteúdo dos sites que visitam. A questão geracional pesa bastante quando entramos nesse ambiente, já que, considerando o total da população, esse percentual cai para 55%.

Uma das explicações é que os millennials e a geração Z comprovadamente estão mais acostumados aos conteúdos gamificados e enxergam os recursos de hiper-realidade com mais naturalidade.

Como sempre acontece nesses processos, por mais importante que seja a tecnologia, devemos lembrar que o eixo dessas transformações é o comportamento social – e não a tecnologia.

Trazendo essa reflexão para o dia a dia, o que está em jogo com o metacommerce não é o surgimento de um novo canal de relacionamento com o público. Trata-se de uma evolução do e-commerce, ou seja, estamos nos referindo à entrada das empresas num próximo nível de vendas on-line.

Por que isso é inevitável? Porque as mudanças no comportamento do público, com gerações que nasceram e cresceram convivendo com espaços virtuais, têm demandado novos modelos de negócio, oriundos da convergência do *social selling*, do *live streaming* e das diversas formas de compra fora das lojas físicas ou mesmo do e-commerce.

Se analisarmos as experiências de metacommerce já realizadas, veremos que os investimentos das empresas têm sido nesse sentido.

Na Nikeland, plataforma de jogos da Nike, os avatares dos clientes podem praticar esportes no espaço virtual. E a proposta é que eles possam comprar tênis especiais para essas ocasiões. A fusão do espaço digital com o físico se materializa a partir de diversas iniciativas, como a possibilidade do cliente ter uma experiência de realidade aumentada na principal loja da marca em Nova York. Assim, com o uso de filtros, é possível recriar, no ambiente físico, a realidade virtual do universo Nikeland.

Outros exemplos vinculados ao mundo da moda evidenciam as transformações que já estão em curso. Esse é um dos segmentos que mais têm investido no processo de virtualização, apostando em duas frentes: o desenvolvimento de peças virtuais para serem usadas pelos avatares de seus clientes nas redes sociais; e a criação de ferramentas específicas para que as pessoas possam interagir com seus produtos.

O desenvolvimento de produtos virtuais pode parecer estranho para quem não é um nativo digital, mas faz todo o sentido se pensarmos na maneira como as novas gerações se comportam.

Para quem passa boa parte do tempo nas telas – um estudo da McKinsey (2023) aponta 8 horas de tela para a geração Z –, nada mais natural do que o anseio por estar devidamente representado no mundo virtual. Afinal, é nesse ambiente que eles sentem que precisam refletir sua identidade.

Vários estudos confirmam que a expressão pessoal é muito importante para esses jovens, e, como consideram o ambiente digital uma extensão do mundo real, valorizam a sua persona virtual.

Assim, por que não integrar os universos? É isso que está por trás das propostas da XR Couture e da DRESSX, que desenvolveram recursos para que o cliente possa "vestir" as roupas virtuais, bastando para isso enviar fotos ou vídeos.

Como já dissemos, para o e-commerce, o foco de interesse hoje é justamente a possibilidade de quebra de barreiras entre o físico e o digital, assegurando a conveniência do digital com toda a experiência da loja física.

Nos próximos anos, com a efetivação do metaverso, não teremos uma simples simulação do mundo real, mas sim uma experiência sensorial capaz de estimular, com o emprego de hardware e softwares adequados, vários sentidos do consumidor.

Contando ainda com todos os recursos da inteligência artificial (IA), o uso de dados dos clientes deve evoluir de forma significativa, com a perspectiva de atuar no campo das sensações.

Teremos, nos próximos anos, muitos debates a respeito das implicações dessas mudanças, mas o fato é que elas vão acontecer e transformar as relações de consumo. E não serão poucas as mudanças, até pela possibilidade de superarmos a barreira da materialização. Nesse ambiente, não necessariamente precisamos do vínculo com o mundo físico, levando ao extremo a proposta da virtualização.

A chegada do 5G, que deve ser efetivada em nível nacional nos próximos anos, é um ponto de virada dessa história. Afinal, precisamos de conexões de qualidade para trafegar por ambientes imersivos e interativos.

Quais os desafios para o varejo?

Ainda que o desenvolvimento do metacommerce dependa de inovações capazes de suportar a nova infraestrutura virtual, alguns pontos nos parecem muito claros para consolidar as estratégias no ambiente corporativo.

Primeiro, é fundamental entender que o jogo já começou. Não se trata de algo para o futuro, mas de um assunto que precisa ser pensado agora. Este é o momento de estudar qual tipo de experiência é possível proporcionar aos clientes no ambiente virtual para facilitar o processo de compra e torná-lo cada vez mais confortável, dinâmico, interativo e eficiente.

Outro aspecto importante: essa nova realidade do e-commerce dependerá, cada vez mais, de vendas mais consultivas e humanizadas, baseadas na criação e na gestão de comunidades.

Discutimos essas questões ao abordarmos os vários aspectos que configuram o neovarejo, mas vale repetir: a construção de relacionamentos é prioritária, porque ela fará com que a marca seja atrativa para essas comunidades precisamente por entregar uma solução para as suas "dores".

O termo "metaverso" representa algo como "além do universo". Portanto, o desafio para as empresas é entender como fazer parte dessa história, considerando que o modelo de negócios deve se manter descentralizado e acessível em diferentes plataformas.

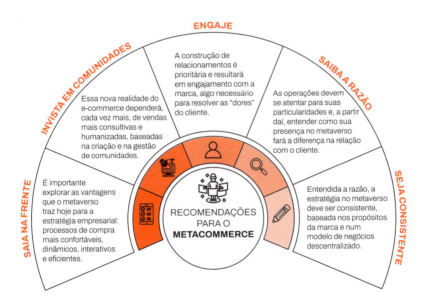

Ao olharmos para as possibilidades que o metaverso abre para o varejo, um dos focos de atenção são os NFTs (tokens não fungíveis), que já têm movimentado valores consideráveis.

O emprego dos tokens não fungíveis também não é algo para o futuro. Várias das experiências citadas neste capítulo estão sendo realizadas a partir desses certificados digitais, estabelecidos por meio da tecnologia *blockchain*.

Nos próximos anos, a evolução das estratégias dependerá da familiaridade do público-alvo com os produtos virtuais e de como as lojas vão trabalhar para oferecer experiências únicas aos usuários. Mas já é possível antever várias oportunidades para o varejo, além da comercialização propriamente dita.

Os NFTs não dependem nem mesmo da materialização das vendas no mundo físico. E, analisando tudo o que pode ser feito a partir dessa cadeia de dados, uma das oportunidades surge do emprego mais robusto das informações.

Por exemplo: quais serão as implicações do fato de termos um certificado para os produtos capaz de rastrear, de forma autêntica e segura, o ciclo de vida da transação de um item?

Há empresas de olho nessa possibilidade, partindo do pressuposto de que os NFTs podem ajudar a eliminar vários intermediários presentes nas vendas on-line, desde os meios de pagamento até os próprios marketplaces, para acelerar os negócios no modelo P2P (ponto a ponto).

Ainda nesse sentido, em uma sociedade que busca caminhos para estimular o consumo consciente, o uso desse tipo de rastreamento pode ser útil para fomentar novos modelos de negócio baseados na revenda de produtos.

NFTs no dia a dia

O segmento de luxo é um dos que têm investido fortemente em NFTs, e é fácil entender a razão: ele compartilha diversos atributos com os tokens, como a escassez e o preço baseado em valores intangíveis.

O que está por trás dessa história? Experiências únicas, que cada vez mais têm sido difundidas em outras indústrias, como a de bens de consumo. Nesse caso, porém, o propósito pode ser diferente: engajar as audiências para reforçar o relacionamento entre os consumidores e as marcas de sua preferência.

Esse foi um dos objetivos da primeira coleção de tokens não fungíveis da ReservaX, que colocou no mercado NFTs do Pistol Bird inspirados no pica-pau, pássaro que representa a marca. Os detentores dos tokens ganharam diversos benefícios, entre os quais se destaca o acesso ao canal exclusivo da marca no Discord, uma loja com produtos exclusivos, pré-vendas e lançamentos. Mais do que gerar novos negócios, a proposta nesse caso é valorizar a relação que pode ser estabelecida com os clientes.

Se considerarmos que os jovens consumidores apreciam os objetos digitais, sem fazer diferenciação com os físicos, por que não empregar os NFTs nos programas de relacionamento?

Esse também foi o caminho seguido por outra marca brasileira, a Aramis, no lançamento da jaqueta Metaheat. O NFT foi empregado para fazer o link entre os mundos físico e digital, como chave de acesso a um clube de clientes VIPs, todos com uma série de benefícios diferenciados.

A vantagem do token é que ele vale em qualquer ambiente digital, uma vez que a descentralização é uma das premissas dessa nova tecnologia. E os NFTs também podem ser utilizados em outras situações pelo varejo, como para garantir o acesso dos clientes a determinados eventos (digitais ou físicos).

Na perspectiva do varejo, o que nos parece bastante óbvio é que o emprego dos NFTs não deve ficar restrito ao digital. O objetivo é valorizar a omnicanalidade, consolidando a integração entre o virtual e o físico. Essa associação fará a diferença nos resultados dos negócios e irá preparar as operações para uma nova fase das vendas on-line.

Inteligência artificial: quais as aplicações no neovarejo?

Vislumbrando esse novo mundo de possibilidades para o varejo, não podemos ignorar a importância das soluções de IA. Elas estão presentes no nosso dia a dia há um bom tempo, das ações mais simples às mais complexas, mas ainda possuem um enorme potencial a ser explorado.

No varejo, as aplicações têm sido frequentes, em especial nos processos que envolvem a automação de tarefas rotineiras das lojas.

Nos últimos anos tornou-se bem comum, por exemplo, o uso dos *chatbots*. Um relatório da Gartner previu que até 2021 eles responderiam por pelo menos 25% das interações de atendimento aos clientes (Abes, 2019).

Mesmo nos desdobramentos do metacommerce, sabemos que muitas inovações serão possíveis graças à evolução da IA. Afinal, o aprimoramento das experiências durante a jornada de compra, independentemente do canal, depende muito da capacidade das empresas em elaborar respostas apropriadas para diferentes situações.

Hoje as soluções de IA acessam, de forma rápida, toda a base de dados do cliente para criar condições de orientar o atendimento a partir de suas preferências, histórico de interações, enfim, estamos falando de uma abordagem muito mais assertiva.

E, considerando que os softwares estão preparados para evoluir conforme o uso, a tendência é que esse atendimento continue avançando nos padrões de excelência exigidos para essa frente dos negócios.

Outro aspecto importante, quando olhamos para o alcance da eficiência nessa área de atendimento, é o aperfeiçoamento dos sistemas para que detectem, por exemplo, o momento certo de fazer o direcionamento da chamada para a equipe.

Ainda pensando nas aplicações básicas, a IA já tem contribuído para garantir mais requisitos de segurança para as lojas on-line. As máquinas têm se mostrado muito eficientes para identificar casos fora do padrão. Nas análises de risco e prevenção de fraudes, a evolução dos robôs garante mais agilidade na aprovação ou reprovação dos pedidos.

Uma das vantagens é que os clientes não fraudadores conseguem ter seus pedidos aprovados mesmo quando adotam um comportamento não correspondente ao padrão. Isso porque estamos lidando com sistemas que captam rapidamente informações de diversas fontes e as processam de forma a prever determinados cenários.

Os avanços nessa área foram significativos nos últimos anos, mas há consenso de que estamos apenas no início desse processo. O fato da máquina aprender continuamente deve reverter num ambiente muito mais seguro para as operações on-line.

O que consideramos decisivo nesse debate é o entendimento de que a IA multiplica exponencialmente as iniciativas humanas em termos de velocidade, de precisão e de acesso a um grande volume de dados para a detecção de fraudes.

Assim como em outras áreas, o objetivo é que esses sistemas ajudem as empresas a se anteciparem a possíveis problemas de segurança. Ou seja, cada vez mais será possível detectar padrões de fraudes antes mesmo que eles se tornem padrões.

Outras frentes importantes de emprego da IA no e-commerce estão ligadas à precificação (com análises muito mais precisas e de um grande volume de informações) e mesmo à logística (nesse caso, os sistemas têm ajudado tanto no controle de estoque como no estudo das rotas ideais para as entregas, tudo de forma automatizada e numa velocidade impossível de ser alcançada se dependermos apenas da capacidade humana).

Olhando para as contribuições da IA para o varejo omni, uma área que tende a ganhar cada vez mais importância, devido aos avanços das soluções, é a que contempla as recomendações de produtos e serviços.

As aplicações hoje já permitem o uso de filtros, baseados no histórico de informações, para a realização de ofertas mais assertivas. Uma das vantagens, como estamos nos referindo a sistemas *machine learning*, é que temos resultados mais precisos e gerados em tempo real.

A tendência, nesse caso, com um emprego mais refinado dos algoritmos, é que as operações consigam atuar com muito mais eficiência na antecipação das demandas dos clientes.

Aquela história de que as máquinas sabem mais sobre o comportamento do consumidor do que ele mesmo faz todo o sentido. Afinal, quando navegamos pela internet, dificilmente conseguimos indicar, com exatidão, quais caminhos percorremos para chegar a determinado lugar.

Nesse sentido, então, não temos como competir com a capacidade das máquinas no registro e armazenamento das informações. E, com o aperfeiçoamento dos sistemas, o emprego dessas análises para as abordagens de marketing e de vendas torna-se premissa orientadora das estratégias.

O enredo tão bem explorado pela ficção científica torna-se realidade: as empresas ganham, de forma efetiva, condições de "ler a mente" do seu cliente e, a partir daí, podem realmente se antecipar às demandas.

Essa premissa sempre fez parte do dia a dia do marketing, mas com a IA podemos ter um cenário muito bem delimitado. Não só conseguimos processar um volume enorme de dados, captados em diversas fontes, como podemos usá-los para segmentar as abordagens.

Nesse contexto, não temos dúvidas de que, em pouco tempo, vamos até estranhar o fato de que determinadas tarefas realizadas nessa área poderiam ser realizadas sem o aporte desse tipo de tecnologia.

De forma automatizada, o varejo já tem adotado estratégias muito mais eficientes. Por exemplo, ao identificar que o cliente fez a compra há certo tempo, pode configurar o envio de cupom de desconto ou mesmo a oferta de um item complementar – e não estamos falando de uma "régua de relacionamento" baseada em ações básicas do cliente, e sim de ofertas preparadas de maneira personalizada.

Os sistemas têm sido empregados para essas ações, mas o que se espera é que recomendações mais assertivas possam ser realizadas a partir da utilização da IA, justamente pelas possibilidades geradas com o cruzamento de dados.

Nas estratégias de remarketing, por exemplo, com o aprendizado adquirido nas campanhas anteriores, os sistemas podem oferecer experiências realmente personalizadas, até porque lidam com um enorme volume de informações.

Temos que considerar, nesse caso, as possibilidades ampliadas com as buscas baseadas em soluções de IA. As técnicas de processamento de linguagem natural (NLP) estão evoluindo muito, o que reverte positivamente para as análises relacionadas às intenções dos consumidores no momento da pesquisa.

A proposta é que o varejo omni consiga combinar esse refinamento dos filtros para fazer as abordagens, por exemplo, via WhatsApp. O foco é aprimorar a experiência de compra do cliente durante toda a sua jornada de compra.

Com emprego da IA, temos condições propícias para atuar desde a escolha do canal certo até a abordagem adequada em termos de linguagem e de oferta, passando por ações de captação de dados mais refinadas para orientar as estratégias de *growth*.

Não depender apenas do *feeling* dos gestores gera resultados exponenciais no longo prazo, porque as lojas terão a oportunidade de prever o valor do cliente ao longo do tempo e, assim, direcionar suas estratégias para consolidar bases maiores de clientes fiéis à marca.

O que evidenciamos nessa história é que as operações terão condições de aprimorar vários aspectos do seu relacionamento com o público, gerando otimização de recursos em todas as frentes do negócio.

Uma das questões que devem estar no centro desse debate é a relevância do letramento digital, que se torna importante até para que se estabeleçam os limites éticos que vão orientar as empresas.

De todo modo, como indicam diversos estudos realizados nessa área, as aplicações de IA devem se tornar regra no varejo on-line, e não exceção, como acontece atualmente. Faz sentido, uma vez que essas soluções têm transformado a forma como pesquisamos e consumimos.

Referências

ACCENTURE. Estudo da Accenture e do Pacto Global das Nações Unidas conclui que contribuição das empresas para a Agenda 2030 não é suficiente. **Accenture**, out. 2019. Disponível em: https://newsroom.accenture.pt/pt/news/estudo-da-accenture.htm. Acesso em: 12 dez. 2023.

ACCENTURE. Resilient Management in the Age of Responsible Retail. **Accenture**, out. 2020. Disponível em: https://s3.us-east-1.amazonaws.com/fonteva-customer-media/00D61000000dOrPEAU/RsNPQwsg_2020_10_09_RILA_pdf. Acesso em: 19 dez. 2023.

ASSOCIAÇÃO BRASILEIRA DAS EMPRESAS DE SOFTWARE (ABES). Gartner prevê que 25% dos profissionais usarão diariamente assistentes virtuais empresariais até 2021. **Abes**, jan. 2019. Disponível em: https://abes.com.br/gartner-preve-que-25-dos-profissionais-usarao-diariamente-assistentes-virtuais-empresariais-ate-2021/. Acesso em: 19 dez. 2023.

ASSOCIAÇÃO BRASILEIRA DE SUPERMERCADOS (ABRAS). **40 anos de supermercados no Brasil**. São Paulo: Abras, 1993.

BRASIL. **Lei nº 8.078, de 11 de setembro de 1990**. Dispõe sobre a proteção do consumidor e dá outras providências. Brasília, 1990. Disponível em: https://www.planalto.gov.br/ccivil_03/leis/l8078compilado.htm. Acesso em: 23 nov. 2023.

BRASIL. **Lei nº 8.955, de 15 de dezembro de 1994**. Dispõe sobre o contrato de franquia empresarial (franchising) e dá outras providências. Brasília,

1994. Disponível em: https://www.planalto.gov.br/ccivil_03/leis/l8955.htm. Acesso em: 6 dez. 2023.

BRASIL. **Lei nº 13.966, de 26 de dezembro de 2019**. Dispõe sobre o sistema de franquia empresarial e revoga a Lei nº 8.955, de 15 de dezembro de 1994 (Lei de Franquias). Brasília, 2019. Disponível em: https://www.planalto.gov.br/ccivil_03/_ato2019-2022/2019/lei/l13966.htm. Acesso em: 6 dez. 2023.

CENTRO INTERNACIONAL DE LONGEVIDADE BRASIL (ILC-BRASIL). **Construindo o futuro do envelhecimento**. Rio de Janeiro: ILC-Brasil, 2019. Disponível em: https://www.ilc-alliance.org/wp-content/uploads/2019/04/RELAT%C3%93RIO-FINAL_VI-F%C3%93RUM.pdf. Acesso em: 19 dez. 2023.

E-COMMERCE BRASIL. O que o metaverso tem a agregar na evolução da estratégia de vendas online. **E-Commerce Brasil**, fev. 2022. Disponível em: https://www.ecommercebrasil.com.br/artigos/metaverso-vendas-online. Acesso em: 21 dez. 2023.

EY. How will ESG performance shape your future? **EY**, jul. 2020. Disponível em: https://assets.ey.com/content/dam/ey-sites/ey-com/en_gl/topics/assurance/assurance-pdfs/ey-global-institutional-investor-survey-2020.pdf. Acesso em: 12 dez. 2023.

KANTAR IBOPE MEDIA. Daqui até o metaverso: quais pistas encontramos nos dados sobre este futuro em construção? **Data Stories**, nov. 2021. Disponível em: https://my.visme.co/view/01pdwyw1-data-stories-ed-16-daqui-ate-o-metaverso. Acesso em: 19 dez. 2023.

LULIO, M. Geração baby boomer, X, Y ou Z: entenda onde você se encaixa. **Consumidor Moderno**, fev. 2017. Disponível em: https://consumidormoderno.com.br/2017/02/20/geracao-baby-boomer-x-y-z-entenda/. Acesso em: 19 dez. 2023.

LUZ, S. Indústria da moda é a segunda mais poluidora do mundo, aponta estudo. **Agência Brasil**, out. 2022. Disponível em: https://agenciabrasil.ebc.com.br/radioagencia-nacional/economia/audio/2022-10/industria-da-moda-e-segunda-mais-poluidora-do-mundo-aponta-estudo. Acesso em: 19 dez. 2023.

MCKINSEY & COMPANY. McKinsey on Sustainability & Resource Productivity Number 2 Introduction. **McKinsey & Company**, jul. 2014. Disponível em: https://www.mckinsey.com/business-functions/sustainability/our-insights/mckinsey-on-sustainability-and-resource-productivity-number-2-introduction. Acesso em: 12 dez. 2023.

MCKINSEY & COMPANY. The State of Fashion 2024: finding pockets of growth as uncertainty reigns. **McKinsey & Company**, nov. 2023. Disponível em: https://www.mckinsey.com/industries/retail/our-insights/state-of-fashion. Acesso em: 12 dez. 2023.

MENEZES, S.; AMARAL, C. Future Consumer Index: novos hábitos de consumo formados na pandemia tendem a se fortalecer a longo prazo. **EY**, jul. 2022. Disponível em: https://www.ey.com/pt_br/consumer-products-retail/novos-habitos-de-consumo-formados-na-pandemia. Acesso em: 19 dez. 2023.

RAMOS, M.; MILAGRES, D.; MACHADO, J. Você conhece o consumidor "zigue-zague"? Entenda como uma estratégia omnichannel é a ideal para fidelizar seus clientes. **Think with Google**, ago. 2021. Disponível em: https://www.thinkwithgoogle.com/intl/pt-br/tendencias-de-consumo/jornada-do-consumidor/voce-conhece-o-consumidor-zigue-zague-entenda-como-uma-estrategia-omnichannel-e-a-ideal-para-fidelizar-seus-clientes/. Acesso em: 19 dez. 2023.

REGUERRA, E. Tendência de aumento do volume de negociação de NFTs deve continuar, dizem os executivos do setor. **Cointelegraph**, nov. 2023. Disponível em: https://br.cointelegraph.com/news/nft-sales-volume-industry-sentiment. Acesso em: 19 dez. 2023.

S&P GLOBAL RATINGS. ESG Industry Report Card: Retail. **S&P Global Ratings**, maio 2019. Disponível em: https://www.spglobal.com/_media/documents/spglobalratings_esgindustryreportcardretail_may_21_2019.pdf. Acesso em: 12 dez. 2023.

SEBRAE. Apresentação executiva: pesquisa "Sobrevivência de Empresas". **Sebrae**, abr. 2021. Disponível em: https://datasebrae.com.br/wp-content/uploads/2021/06/Apresenta%C3%A7%C3%A3o-Sobreviv%C3%A-Ancia_2020_Web_Final.pdf. Acesso em: 19 dez. 2023.

SEBRAE. Franquias. **Sebrae**, 2016. Disponível em: https://sebrae.com.br/Sebrae/Portal%20Sebrae/Anexos/franquias_portal_sebrae.pdf. Acesso em: 19 dez. 2023.

SESSO FILHO, U. A. **O setor supermercadista no Brasil nos anos 1990**. 2003. Tese (Doutorado em Ciências) – Universidade de São Paulo, Piracicaba, 2003. Disponível em: https://www.teses.usp.br/teses/disponiveis/11/11132/tde-11072003-140924/publico/umberto.pdf. Acesso em: 19 dez. 2023.

VILLALBA, V. A. *et al*. Índice de Sustentabilidade como geração de sinal: um estudo com empresas listadas na B3 em período de pandemia. *In*:

EnANPAD, 46., set. 2022, versão on-line. **Proceedings** [...]. ANPAD, 2022. Disponível em: https://anpad.com.br/uploads/articles/120/approved/195f15384c2a79cedf293e4a847ce85c.pdf. Acesso em: 19 dez. 2023.

WEDEMANN, E. Isolamento social transforma o comportamento de consumo. **Kantar**, jun. 2020. Disponível em: https://www.kantar.com/brazil/inspiration/consumo/2020-isolamento-social-transforma-o-comportamento-de-consumo. Acesso em: 19 dez. 2023.